中国古代名著全本译注丛书

鬼谷子
译注

郑杰文　张伟　译注

图书在版编目（CIP）数据

鬼谷子译注／郑杰文,张伟译注. —上海：上海
古籍出版社,2018.7（2023.12重印）
（中国古代名著全本译注丛书）
ISBN 978-7-5325-8878-7

Ⅰ.①鬼… Ⅱ.①郑… ②张… Ⅲ.①纵横家②《鬼
谷子》一译文③《鬼谷子》一注释 Ⅳ.①B228

中国版本图书馆 CIP 数据核字（2018）第 129267 号

中国古代名著全本译注丛书

鬼谷子译注

郑杰文 张 伟 译注

上海古籍出版社出版发行

（上海市闵行区号景路 159 弄 1－5 号 A 座 5F 邮政编码 201101）

（1）网址：www.guji.com.cn

（2）E-mail：guji1@guji.com.cn

（3）易文网网址：www.ewen.co

江阴市机关印刷服务有限公司印刷

开本 890×1240 1/32 印张 4 插页 5 字数 96,000

2018 年 7 月第 1 版 2023 年 12 月第 5 次印刷

ISBN 978-7-5325-8878-7

K·2495 定价：24.00 元

如有质量问题,请与承印公司联系

鬼谷子和《鬼谷子》

《鬼谷子》是我国古代一部以讲求决策术、揣测术、说辩术、处世术为主要内容的典籍。对此书的历史价值和社会作用，古今学者毁誉不一、臧否各异。例如，唐代柳宗元认为《鬼谷子》一书"险盭峭薄"，"妄言乱世"（《鬼谷子辨》），而宋代高似孙则言"《鬼谷子》书，其智谋，其数术，其变谲，其辞谈，盖出于战国诸人之表"（《子略》）。

除对《鬼谷子》一书评说难定外，对其书题署的鬼谷子一人的有无及其身份亦众说纷纭。或言其为战国纵横家苏秦、张仪之师；或言历史上本无其人，乃苏秦假托之人；或言其为隐士；或言其为神仙……莫衷一是。

鉴于此种情况，读者有必要在阅读《鬼谷子》、领略其思想之前，对鬼谷子其人和《鬼谷子》一书作一番了解。

一、鬼谷子其人

现存最早记载鬼谷子行事的文献是司马迁的《史记》。《史记·苏秦列传》记载："苏秦者，东周雒阳人也。东事师于齐，而习之于鬼谷先生。"《张仪列传》载："张仪者，魏人也。始尝与苏秦俱事鬼谷先生，学术，苏秦自以不及张仪。"司马迁的这两段记载在汉代产生了广泛影响。西汉末年的扬雄（《法言·渊骞》）、东汉初年的王充（《论衡·答佞》《明雩》）、东汉末年的应劭（《史记集解》引《风俗通义》）分别在自己的著作中记载过此说。

自魏晋时期起，鬼谷子身上逐渐被人添加了仙逸神怪气息。始作俑者可能是三国时人谯周。谯周在《古史考》中说："仪、秦受术鬼谷先生，'归'之声与'鬼'相乱故也。"谯周把"鬼谷"解释为"归谷"，即归隐之谷，言鬼谷子是一位隐归山谷的逸士，但他也继承了鬼谷子是苏秦、张仪之师的说法。在此后前秦王嘉的《拾遗记》、东晋郭璞的《游仙诗》中，鬼谷子都被塑造成一个立志隐遁的高洁饱学之士。

在南北朝及其后的道教造神运动中，鬼谷子被道教徒拉入道教神系中。前有齐梁之际的陶弘景列鬼谷子为神道真仙的第四等左第十三位；后有唐末五代时期的道士杜光庭将其与道教祖神太上老君联系起来。杜光庭在《录异记》中说："鬼谷先生者，古之真仙也。云姓王氏，自轩辕之代，历于商、周，随老君西化流沙，洎周末复还中国，居汉滨鬼谷山，受道弟子百余人。"

迄至明清及近代，民间又产生出种种关于鬼谷子的传说、附会。如清人汪喜孙在《尚友记》中言"孙膑与庞涓俱学兵法于鬼谷"；明清及近代的相面先生、打卦术士则奉鬼谷子为祖师。

这样，关于鬼谷子的身份，就有了"战国纵横家"、"隐逸之士"、"道教神仙"、"孙膑、庞涓之师"、"相面术士之祖师"五说。其中鬼谷子为**孙膑、庞涓之师**说虽晚出，但在民间影响颇大，我们认为此说显然与史实不符，今略加考究如下：

其一，孙膑、庞涓活动于战国中期，在当时影响很大。《吕氏春秋·不二》曾将孙膑与老聃、孔子、墨翟相提并论。但在战国其他典籍中却没有关于他们曾师从鬼谷子的记载。其二，据山东临沂银雀山汉简《孙膑兵法》，孙膑应对战争理论、攻守战法、地势阵形、兵器将士等较为熟悉，而《鬼谷子》一书中却没有涉及用兵之法。其三，孙膑、庞涓活跃于前4世纪中期，则其生年应在前4世纪初。而亦曾师事鬼谷子的苏秦、张仪的活动年代在前4世纪末至前3世纪初。据唐兰先生考证，苏秦死于前284年，"死时约五十多岁"。（参见唐兰《司马迁所没有见过的珍贵史料》，载《战国纵横家书》，文物出版社，1976年）则其师鬼谷子的生年不可能早于孙膑、庞涓，因此不具备将高深的军事理论传授给孙膑、庞涓的条件。

以鬼谷子为"相面术士之祖师"的说法也缺乏根据。相面之术在我国起源很早,《左传》《逸周书》中均载有相面之事,《史记》《汉书》《后汉书》中亦载有众多相面术士的事迹。但在这众多的相面术士和相面事迹中,却无一处提及或注明鬼谷子善相面之术。自《汉书·艺文志》起,历代目录中均著录有相面之术,但在宋人郑樵《通志·艺文略》著录"《鬼谷子观气色出相图》一卷"之前,没有一部与鬼谷子有关的相面之术。因此,以鬼谷子为"相面术士之祖师"的说法应为后人附会之辞。

至于将鬼谷子塑造成隐逸之士和道教神仙,则与《鬼谷子》一书的内容不符。从汉人的记述看,鬼谷子确曾隐居山谷,但其隐居山谷的目的在于精心钻研干世之术。《鬼谷子》一书中有大量关于如何掌握世情、说主献策的论述,则鬼谷子定是一位具有丰富社会政治斗争经验的人。因此,以鬼谷子为隐遁山谷、修身自娱的隐逸之士的观点与鬼谷子的真实身份相距甚远。

依据汉人的记载及以上论述,鬼谷子是一位活动于战国中期的政治思想家。他大约生于前390年左右,卒于前320年以后,有丰富的社会政治斗争经历。后隐居在鬼谷潜心研究政治斗争术,并开门授徒,成为战国时期政治权谋术的总结者。

二、鬼 谷 其 地

鬼谷子因隐居鬼谷而得名①。鬼谷在何处?自古以来众说纷纭,计有五种说法影响较大。

(一)颍川阳城说

此说起于东晋徐广。裴骃《史记集解》引徐广《史记音义》:"颍川阳城有鬼谷,盖是其人所居,因为号。"晋之颍川阳城,今

---

① 唐李善《文选(郭景纯游仙诗)注》引《鬼谷子序》:"周世有豪士隐于鬼谷者,自号'鬼谷子'。"

为河南省登封市告成镇。

今考颍川阳城之鬼谷当为"归谷"，系因传说中隐士许由而得名。《吕氏春秋·求人》载："昔者尧朝许由于沛泽之中，曰：'十日出而焦火不息，不亦劳乎？夫子为天子，而天下已治矣。请属天下于夫子。'许由辞曰：'为天下之不治与？而既已治矣。自为与？啁噍巢于林，不过一枝；偃鼠饮于河，不过满腹。归已君乎！恶用天下？'遂之箕山之下，颍水之阳，耕而食，终身无经天下之色。"东汉高诱注"箕山"为"箕山在颍川阳城之西"。颍川阳城之鬼谷，即许由归隐的箕山山谷。在上古音中，"归"、"鬼"同为见母微纽，音同故可假借。由此可见，徐广所言之"鬼谷"当为"归谷"，且非鬼谷子隐居之处。

（二）雒州城县北说

此说出自唐张守节《史记正义》："鬼谷，谷名，在雒州城县北五里。""雒州城县北"误，当为"洛州阳城县北"。"雒"、"洛"可通用，"雒州"即"洛州"。据《旧唐书·地理志》，"洛州阳城"即上徐广所言"颍川阳城"①。

（三）扶风池阳说

此说出现时间最早，由西晋《太康地记》提出。《十道记》引《太康地记》曰："扶风池阳有鬼谷，即鬼谷先生所居。"唐司马贞《史记索隐》承其说，谓："鬼谷，地名也。扶风池阳、颍川阳城并有鬼谷墟，盖是其人所居，因为号。"

《史记·樗里子甘茂列传》载苏代说秦王之言曰："甘茂，非常士也。其居于秦，累世重矣。自殽塞及至鬼谷，其地形险易皆明知之。彼以齐约韩魏反以图秦，非秦之利也。……王不若重其贽，厚其禄以迎之，使彼来则置之鬼谷，终身勿出。"此之"鬼

---

① 《旧唐书·地理志》："割阳城、嵩阳、阳翟置康城县，又置嵩州，治阳城。贞观元年，割阳翟隶许州。三年，省嵩州及康城县，以阳城、嵩阳属洛州。登封元年，将有事嵩山，改为告成县。"

谷"，《史记正义》引刘伯庄曰："此鬼谷，关内云阳，非阳城者也。"彼时关内之云阳位于今陕西省泾阳县北三十里，地处嵯山以西的关中地区。此与《史记》所言洛阳人苏秦"东事师"的方位不合，故此"鬼谷"非鬼谷子居住之鬼谷。

（四）清水谷说

此说首先于唐人所撰之《十道志》，宋乐史《太平寰宇记》从之。《太平寰宇记·关西道·耀州》"华原县"条曰："清水谷在县西三十五里。《十道志》云：'即鬼谷先生所居也。'水自云阳界来。"其《关西道·耀州》"三原县"条亦曰："嵯山水自云阳县界流入，一名鬼谷，昔苏、张事鬼谷先生，即在此谷中也。"宋之华原县，在今陕西省铜川市耀州区东南，是清水谷在今铜川市耀州区南。宋之三原县，在今陕西省三原县东北，嵯山在今三原县北，是今陕西省铜川市耀州区、淳化县、三原县、泾阳县交界处之山脉。

民国《淳化县志·山川记》载："（清水）出县东石门山，东南流入耀州界，又南至泾阳县北，合于冶谷水也。"是清水谷与冶谷通。冶谷，在嵯山西，其上游曰甘泉水，甘泉水因甘泉山而得名，甘泉山上有甘泉宫，一名云阳宫①。《太平寰宇记》卷三一引《云阳宫记》曰："甘泉宫北有槐树。今谓玉树，根干盘峙，二三百年来木色青葱，耆旧相传咸以为此树即扬雄《甘泉赋》所谓'玉树青葱'者也。"由此可见，与冶谷相通的清水谷之所以称为"鬼谷"，是因为冶谷之古槐树。《说文》："槐，从木，鬼声。"在上古音中，"鬼"为见母、微纽，槐为匣母、微纽，音近可通。

又《战国策·秦策二》载苏代说秦王之言："甘茂，贤人，非恒士也。其居秦累世重矣，自淆塞、溪谷，地形险易尽知之。彼若以齐约韩、魏，反以谋秦，是非秦之利也。……不如重其贽、

_____

① 《关中记》："甘泉宫，一曰云阳宫，秦所造，在甘泉山上。宫以山为名，周匝十余里，汉建元中增广之。"

厚其禄以迎之。彼来则置之槐谷，终身勿出，天下何从图秦？"是此"槐谷"即《史记·樗里子甘茂列传》所言之"鬼谷"，二者为一地。

（五）临沮青溪山说

此说源于东晋郭璞。郭璞《游仙诗》之二言："青溪千余仞，中有一道士。云生梁栋间，风出窗户里。借问此何谁？云是鬼谷子。"李善注此引刘宋庾仲雍《荆州记》曰："临沮县有青溪山，山东有泉，泉侧有道士精舍。郭景纯常作临沮县，故《游仙诗》嗟青溪之美。"临沮县青溪山在今湖北省当阳县。临沮在洛阳正南偏西，亦与《史记·苏秦列传》所载苏秦"东事师"的方位不合。且郭璞《游仙诗》仅可作文学作品看，其写鬼谷子乃夸借比喻、抒情写志，非实指鬼谷子居于青溪。

综上所述，"颍川阳城说"与"雒州城县北说"实指一地，且地名应作"归谷"；"扶风池阳说"与"清水谷说"亦同指一地，其名应作"槐谷"；"临沮青溪山说"则是由文学借代手法引出的，皆非鬼谷子所居之鬼谷。

欲求鬼谷子隐居授徒之地，还需从最早记载鬼谷子的文献——《史记》入手。《史记·苏秦列传》载："苏秦者，东周雒阳人也。东事师于齐，而习之于鬼谷先生。""事师"即从师，即从师学习权谋之术。在先秦时期，"习"有学之义，则"习之"亦指练习权谋之术，所以此"东事师于齐，而习之于鬼谷先生"乃是一事。则鬼谷子所居之鬼谷位于战国时期的齐地。

鬼谷位于齐地何处呢？这需要从齐地的原始崇拜谈起。我国古代先民信奉灵魂不死观念，认为人死后，其灵魂仍会继续存在，并对现世生活施加影响。《左传·庄公八年》所载公子彭生之鬼魂变成一只野猪向齐襄公索命之事，便是齐地流行鬼魂崇拜的典型例证。既然人的肉体死后，其灵魂依然存在，则这些不死的灵魂应有一去处。由于远古时代不同地域之间的文化具有差异性，所以不同地域的活人为死人的灵魂安排的去处也不同。如齐国东部海滨地区的先民认为，人死后，其灵魂会飞升到蓬莱、瀛洲、方丈三神山；而地处今山东省西部的先民则认为人死后的灵魂会聚居在泰山脚下①。后者的产生，与齐地的"地主"崇拜有关。

《史记·封禅书》载秦始皇曾"行礼祠名山大川及八神"，"地主"即为"八神"之一。祭祀"地主"需在泰山梁父，即今泰山脚下。我国先民自古盛行土葬，言人死后"形魄归于地"，要受"地主"节制，于是今山东西部的原始先民便崇信人死后魂归泰山之下。于是，"泰山治鬼说"便由此而产生，泰山下的溪谷便有了"鬼谷"之称。清人聂剑光在《泰山道里记》中记道："元君庙……西为垂刀山，宋时得天书于此。西为酆都峪，俗名鬼儿峪，水南流经金山北，又西南入漯河。"此"鬼儿峪"即"鬼谷"②。泰山在战国中后期属齐，且位于雒阳之东，故司马迁言雒阳人苏秦"东事师于齐，而习之于鬼谷先生"。

此外，《鬼谷子·符言》与《管子·九守》之文颇多近似甚至完全相同之处。而《管子》与战国时期齐国稷下学派有密切关系。至于《鬼谷子·符言》中所说的"君为五官之长"，更是针对《管子·小匡》所载齐中央五官——"大行"、"大司田"、"大司马"、"大司理"、"大谏"——而来的。

凡此皆可证明鬼谷子隐居之鬼谷即齐地泰山脚下的鬼儿峪，战国纵横家苏秦、张仪即在齐地师从鬼谷子学习纵横捭阖之术的。

三、《鬼谷子》其书

（一）《鬼谷子》的作者

现存最早著录《鬼谷子》一书的目录是《隋书·经籍志》。

---

① 《晏子春秋·内篇谏上》中即载有齐景公率兵伐宋，经过泰山时，商汤与伊尹之鬼魂托梦之事。可见齐人以泰山为鬼魂所归之处的观念产生甚早。

② 清顾炎武《天下郡国利病书·碣石丛谈》："边方营砦，称谷、称庄。……然'谷'有两音：南人呼'榖'，切以古禄；北人呼'育'，切以余六。"

《隋书·经籍志》于子部纵横家类著录："《鬼谷子》三卷。皇甫谧注。鬼谷子，周世隐于鬼谷。"是《隋书·经籍志》以《鬼谷子》为鬼谷子自著。但《隋书·经籍志》又著录："《鬼谷子》三卷。乐一注。"乐一，又作乐壹(《旧唐书·经籍志》)、乐臺(《新唐书·艺文志》)。宋王应麟《玉海》引《史记正义》曰："《七录》有《苏秦书》，乐壹注云：'秦欲神秘其道，故假名鬼谷也。'《鬼谷子》三卷，乐壹注。字正，鲁郡人。"是乐壹以《鬼谷子》为苏秦假托。《旧唐书·经籍志》《新唐书·艺文志》承此说，以《鬼谷子》为苏秦所撰。据《汉书·艺文志》，苏秦另有《苏子》三十一篇传世；且《太平御览》中既有《苏子》引文，又有《鬼谷子》引文，故苏秦假托鬼谷子以神秘其道的说法似不能成立。

明人杨慎又以为《汉书·艺文志·兵书略》著录之《鬼容区》即为《鬼谷子》一书。杨慎《鬼谷子评注》认为："今案'鬼谷'即'鬼容'者，又字相似而误也。"当代台湾学者赵铁寒、梁嘉彬支持杨慎此说。赵铁寒考曰："'谷'、'浴'、'臾'上古音同可通，'区'、'丘'、'之'、'子'亦音近可通"，"《鬼容区》即《鬼谷子》。"梁嘉彬则用《史记·封禅书》中关于鬼臾区是黄帝之臣，是秦汉方士推重的神仙家的记载来比附鬼谷子是"古之真仙"。细考此说，破绽颇多。首先，如上文所述，鬼谷子为神仙家之说晚出。其次，音同者未必假借，"鬼容区"通"鬼谷子"缺乏例证。再次，《鬼容区》属兵阴阳家类著作，主要内容应为军事斗争中的阴阳奇正变化；而《鬼谷子》则为以讲权谋诈变、游说人主为主要内容的政治权术之书。因此，《鬼容区》即《鬼谷子》说不可信。

明人胡应麟在《四部正讹》中认为《鬼谷子》一书出自东汉人伪托："《鬼谷子》，《汉志》绝无其书，文体亦不类战国，晋皇甫谧序传之。按《汉志·纵横家》有《苏秦》三十一篇、《张仪》十篇，《隋·经籍志》已亡。盖东汉人本二书之言，荟萃附益为此，或即谧手所成而托名鬼谷，若'子虚'、'亡是'云耳。"清人姚际恒、近人钱穆均承此说，以为《鬼谷子》出自东汉或六朝人伪造。但《史记·太史公自序》所载《论六家要旨》中的"圣人不朽，时变是守。虚者，道之常也；因者，君之纲也"一句，司马贞《史记索隐》曰："此出《鬼谷子》，迁引之以成其章。"而且西汉刘向《说苑·善说》亦曾明言引《鬼谷子》一书。故以《鬼谷子》为东汉或六朝人伪托之书亦难以成立。

近人顾实又于《重考古今伪书考》中提出《鬼谷子》为《汉书·艺文志》所著录《苏子》之一部分说："《鬼谷子》十四篇，本当在《汉志》之《苏子》三十一篇中。盖《苏子》为总名，而《鬼谷子》其别目也。"余嘉锡于《古书通例》中承此说。

总观以上诸说，"苏秦伪托说"、"《鬼容区》即《鬼谷子》说"、"东汉或六朝人伪作说"均不可信，"鬼谷子所作"与"《鬼谷子》为《苏子》之一部分说"近实，然亦有未妥之处。鬼谷子是战国中期一位精通纵横捭阖之术的政治思想家。战国中期正是诸子蜂起，纷纷著书立说参与争鸣的时代，鬼谷子在教学授徒过程中也应当有著之竹帛的教本。近人余嘉锡在《古书通例》中认为周秦诸子之书皆非手著："古人著书，不自署姓名，惟师师相传，知其学出于某氏，遂书以题之，其或时代过久，或学未名家，则传者失其姓名矣。即其称为某氏者，或出自其人手著，或门弟子始著竹帛，或后师有所附益，但能不失家法，即为某氏之学。古人以学术为公，初非以此争名，故于撰著之人，不加别白也。"苏秦曾从鬼谷子学纵横捭阖之术，且有参与战国政治、军事斗争的丰富经验。在参与战国政治实践的过程中，他对从学时所记录的鬼谷子的学问，或有所发挥，或有所补充，或有所修正，遂成《苏子》三十一篇。故《苏子》三十一篇应包含有今本《鬼谷子》的部分或全部内容。

虽然《鬼谷子》的内容曾被《苏子》所吸收、包含，但不能因此否认《鬼谷子》一书的单独流传。西汉末年刘向即曾见到、并征引过独立于《苏子》的《鬼谷子》，而西晋皇甫谧更是给《鬼谷子》作过注解。

经过上述梳理与论证，我们认为，《鬼谷子》成书于战国时期，其中既有鬼谷子本人的学术思想，也包含了其后学苏秦等纵横家的补充、发挥，它是战国纵横家理论学说的总结。

（二）《鬼谷子》的流传

战国中期，鬼谷子在齐地授徒讲学，故《鬼谷子》中的部分篇章被收入齐稷下学术论文总集《管子》中。今存《管子·九守》与《鬼谷子·符言》字句基本一致。《史记·平原君虞卿列传》载，游说之士虞卿在"困于梁"时，"乃著书。上采《春秋》，下观近世。曰《节》《义》《称》《号》《揣》《摩》《政》《谋》，凡八篇。以刺讥国家得失，世传之曰《虞氏春秋》"。其《揣》《摩》《谋》三篇与今本《鬼谷子》中三篇之名同，疑其对《鬼谷子》一书有所吸纳。总之，以《鬼谷子》为代表的游说处世之学在战国后期已开始流传，并产生了一定的社会影响。

秦统一后，禁百家之言，《鬼谷子》一书亦在禁毁之列。汉惠帝四年(前191)三月，除挟书律，诸子之书逐渐复出。汉初淮南王刘安纠集学士编纂而成的《淮南子》一书中也保存了部分《鬼谷子》的内容。又《史记·太史公自序》中所引"圣人不朽，时变是守。虚者，道之常也；因者，君之纲也"亦源自《鬼谷子》。由此可见，西汉中期以前，《鬼谷子》一书已开始在社会上流传。西汉中期至三国时期，《鬼谷子》一书在社会上流传不绝。在西汉刘向《说苑》、扬雄《法言》，东汉班固《汉书》、郑玄《周礼注》及三国吴人杨泉《物理论》中，均有对《鬼谷子》的引用、评说。

两晋南北朝时期，出现了《鬼谷子》流传史上的一个重要现象——注释、研究《鬼谷子》的著作开始出现。《隋书·经籍志》著录："《鬼谷子》三卷，皇甫谧注。鬼谷子，周世隐于鬼谷。"皇甫谧为西晋人，但其所注《鬼谷子》久佚，已难考其详情。

隋唐时期，《鬼谷子》的流传呈现出四种情况。其一，《鬼谷子》继续在社会上流传，并为文人学士所引用。如虞世南在

《北堂书钞》中录《鬼谷子》文6条，录前人《鬼谷子》注文2条；李善在《文选注》中录《鬼谷子》文7条。其二，仍有对其进行注释者。据《隋书·经籍志》，隋人乐壹曾有《鬼谷子注》三卷；又据《旧唐书·经籍志》《新唐书·艺文志》，唐人尹知章亦有《鬼谷子注》三卷行世。其三，《鬼谷子》正式见于目录书著录。《隋书·经籍志》《旧唐书·经籍志》《新唐书·艺文志》等史志目录均著录有《鬼谷子》一书。其四，出现了研究、评论《鬼谷子》的文章。唐初，长孙无忌曾作《鬼谷子序》，以为《鬼谷子》"便辞利口，倾危变诈，至于贼害忠信，覆乱邦家"。其后有元冀，"好读古书，甚贤《鬼谷子》，为其《指要》几千言"（柳宗元《鬼谷子辨》）。柳宗元亦撰有《鬼谷子辨》，斥责《鬼谷子》"要为无取"，"其言益奇而道益狭，使人狙狂失守而易于陷坠"。

宋元时期，除《崇文总目》《宋史·艺文志》著录《鬼谷子》三卷外，《太平御览》曾录《鬼谷子》文19条，《事类赋注》录《鬼谷子》文2条。宋之欧阳修、刘泾、叶梦得、吕祖谦及元末之宋濂都撰有评论《鬼谷子》的著作，或谓《鬼谷子》"因时适变，权事制宜，有足取者"（欧阳修《鬼谷子序》），或谓《鬼谷子》"家用之则家亡，国用之则国偾"（宋濂《诸子辨》）。相比前一时期的图书目录，宋元时期的目录不仅著录了《鬼谷子》一书的书名、作者、卷数、注者等内容，而且增录了前人的研究论述及自己的评说。开此风者为南宋陈骙。陈骙在《中兴书目》中说："《鬼谷子》三卷。周时高士，无乡里、族姓、名字，以其所隐，自号'鬼谷先生'。苏秦、张仪事之。授以《捭阖》以下至《符言》等十有二篇，及《转圆》《本经》《持枢》《中经》等篇，亦以告仪、秦者也。一本始末皆东晋陶弘景注。一本《捭阖》《反应》《内揵》《抵巇》四篇不详何人训释，中、下卷与弘景所注同。元冀为《指要》几千言。"陈骙除了著录书名、卷数、注本等内容外，还对其书作者进行了考说，在《鬼谷子》研究史上有重要地位。其后晁公武《郡斋读书志》、高似孙《子略》、王应麟

《玉海·艺文》、陈振孙《直斋书录解题》、马端临《文献通考·经籍考》等，或录前人评说，或据前人评说加以考订，均推动了《鬼谷子》研究的发展。

明清及近代，《鬼谷子》一书仍受到大批学者的关注，特别是《鬼谷子》的真伪问题，成为学者争论的焦点。明胡应麟在《四部正讹》中重翻"作者旧案"，认为《鬼谷子》非战国时期作品，可能出自东汉人或魏晋人之手。清人阮元则认为《鬼谷子》一书"多韵语"，"合古声训字之义，非后人所能依托"。其后，或认为《鬼谷子》为战国时期作品，或认为《鬼谷子》出自汉魏人伪托。前者代表有清人汪中、姚振宗，后者代表则有清人姚际恒，近人梁启超、顾实、钱穆、黄云眉等。

除著录、评说外，明清及近代还出现了诸多《鬼谷子》的重要刻本，并流传至今。明代重要的《鬼谷子》刊本有：无名氏辑，正德、嘉靖年间刊刻的《十二子》本；谢汝韶辑，万历六年（1578）吉藩崇德书院刊刻的《二十家子书》本；周子义等辑，万历年间刊刻的《子汇》本；吴勉学辑，万历年间刊刻的《二十子》本；冯梦祯辑，万历三十年（1602）绵眇阁刊刻的《先秦诸子合编》本；张懋窢辑，天启五年（1625）张氏横秋阁刊刻的《杨升庵先生评注先秦五子全书》本；归有光辑，天启六年（1626）刊刻的《诸子汇函》本等。清代刻本中，最值得称道的是嘉庆十年（1805）秦恩复石研斋刻本。本《译注》即以秦恩复石研斋刊本为底本。

（三）《鬼谷子》的思想内容

受原始崇拜影响，西周之前，神本思想占据政治思想的主导地位，所以人们把敬神、祭神看作国家政治生活中最重要的内容。但在这种对神的虔诚信仰中，也包含着否定神灵的因素：人们信奉神灵无所不知，能够明察善恶，一定会护佑善人、舍弃恶人，所以"修德"的重要性便随之凸现出来，进而导致人为因素在国家政治生活及政治、军事斗争中的重要性越来越突出。在春秋、战国时期持续数百年的争霸、兼并战争中，人的因素得到了充分的突出和彰显。而且，由于各诸侯国在兵员扩充方面已达到经济承受能力的局限，于是合理、巧妙地运用现有兵力成为政治、军事斗争取胜的关键，社会政治、军事斗争由"争于力"向"争于智"发展。与此种社会形势相应，在意识形态领域出现了两种现象：军事谋略著作涌现；政治斗争谋略著作涌现。前者的代表是《孙子》等兵家著作，后者的代表便是《鬼谷子》。

《鬼谷子》作为曾操纵战国时代政治风云的纵横学派的理论概括和总结，是一部研究社会政治斗争谋略、权术的智谋宝典。其中所讲述的纵横策士如何说动、进而控制诸侯国国君的智谋、权术，对后代政治活动家产生过深远的影响。后世文人学士无论是称赞《鬼谷子》为"因时适变，权事制宜"的智慧之书，还是贬低《鬼谷子》为"便辞利口，倾危变诈"的阴谋之书，其着眼点均在于其智谋、权术。

与站在军事统帅地位所作的兵家谋略之书不同，《鬼谷子》是站在一无所有的纵横策士立场上而撰的一部著作，其用智对象是具有至高权力的诸侯国国君，从这种意义上说，《鬼谷子》是弱者的智谋宝典。它教导弱者如何发挥个人优势，怎样用柔弱手法，去变动局势，掌握局势，以弱胜强，变弱为强。其中所蕴含的政治智慧，无论在市场竞争中，还是在政治斗争中都具有重要价值。

本译注以清嘉庆十年（1805）江都秦恩复刻本为底本，以明正统《道藏》本为主校本，并参校以明清及近代刻本、抄本、校本及唐宋类书、古注之引文。所引用前人主要书目及版本如下：

1. 尹知章《鬼谷子注》（即秦恩复所谓"陶弘景注"）
2. 杨慎《鬼谷子评注》（横秋阁刻本）
3. 高金体《鬼谷子评点》（临安高衙藏板）
4. 秦恩复刊《鬼谷子》（石研斋本）
5. 俞樾《诸子平议补录·鬼谷子》

6. 俞棪《鬼谷子新注》（商务印书馆《国学小丛书》本）

译文采用直译法，为文意顺畅计而增加的添加语，外加圆括号以示区别。

郑杰文　张　伟
2018 年 3 月 7 日
于山东大学

目　　录

卷上

捭 阖 第 一

【提要】

尹知章曰："捭，拨动也。阖，闭藏也。凡与人言之道，或拨动之令有言，示其同也；或闭藏之令自言，示其异也。"捭即开，阖即闭。捭阖，即大开大合，大启大闭。纵横捭阖，并非像尹知章所论仅仅是针对游说方法而言，它是战国策士们立身处世、说诸侯、干人主、掌机变、握形势的总原则，是《鬼谷子》的中心思想。

捭为阳，阖为阴。捭阖之道，即阴阳法则。《鬼谷子》认为，游说人主，掌握形势，操纵政治风云，处理社会事务，必用捭阖之术、阴阳之道。或开启之，拨动之，促其发展变化，并在其发展变化中因势而利导之，实现自己的既定决策，此为用阳；或闭藏之，压抑之，令其停滞，使其转化，以更好地把握形势，使事物按照我们的意向发展，此为用阴。阴阳之道，就是在处理事物时发挥我们的主观能动性，促其发展转化，而使我们从中获利。

阴阳，本是一种古老的认识观念，在其发展中逐渐成为一种哲学范畴。春秋战国时期，它又发展成一种颇为活跃的哲学流派——阴阳派。阴阳派中的一部分人比较注意研究天道自然，于是出现了邹衍等人的"大九州说"和"天人感应机祥论"；其中的另一部分人比较注重研究人事社会，将阴阳理论特别是阴阳转化法则用于社会政治斗争和处理人际关系，于是出现了《鬼谷子》游说人主、立身处世的捭阖之术。

【原文】

粤若稽古[1]，圣人之在天地间也[2]，为众生之先[3]，观阴阳之开阖以名命物[4]，知存亡之门户[5]。筹策万类之终始，达人心之理，见变化之朕焉[6]，而守司其门户。故圣人之在天下也，自古及今，其道一也[7]。变化无穷，各有所归[8]：或阴或阳，或柔或刚，或开或闭，或弛或张。是故圣人守司其门户，审察其先后[9]，度权量能[10]，校其伎巧短长[11]。

【注释】

〔1〕粤：句首语助词，表庄重。　　若：尹知章曰（以下简称"尹曰"）："顺。"沿着。此指上溯。　　稽：尹曰："考也。"考察。

〔2〕圣人：《鬼谷子》中出现的"圣人"有两种含义，一种指古代有所贡献、有所创见的大智大勇之人，一种指当代精于纵横权术的游说辩士，与儒家所说的"圣人"有别。此句中的"圣人"是指前一种含义。

〔3〕众生：万物生灵。此特指民众。　　先：先知先觉，能够预测事物发展动向，掌握事物发展规律的人。

〔4〕命物：尹曰："阳开以生物，阴阖以成物。生成既著，须立名以命之也。"即抓住事物本质，表述事物名称和性质。

〔5〕存亡之门户：指世上万事万物生成、发展、灭亡的关键所在。

〔6〕朕：《类篇》曰："目兆也。"即可以观测到的事物发展征兆。

〔7〕其道一也：尹曰："莫不背亡而趣存，故曰其道一也。"即言自古至今，圣人的做法、目的都是一样的。

〔8〕各有所归：尹曰："变化无穷，然有条而不紊，故曰各有所归。"即言事物的发展变化都有一定规律可以遵循。

〔9〕先后：此指事物发展过程。

〔10〕权：权变。此指事物可以妥协、可让人入手变动其发展方向的成分。　　能：能力。此指事物保持自己的不变性，从而按自己的固定轨迹运行的能力。

〔11〕伎巧：即技巧。"伎"、"技"古通，《尚书·秦誓》："无他技。"《经典释文》："技亦本作伎。"技巧，此指事物应变能力。

【译文】

　　先让我们来考察一下历史吧。古代那些大智大勇的圣者生活在人世间，之所以成为芸芸众生的先知先觉的导师，是因为他们会观测世界上万事万物的阴阳变化，并能揭示它们的本质属性，给它们立一个确定的名号，还能够洞晓万事万物的生成、发展、灭亡的关键所在。他们追溯世界上万事万物的历史过程，预测它们的未来结局，洞察世人的心理特征，观察世上事物、人事的发展征兆，从而把握其关键所在。所以，圣智之人在社会上立身处世，从古到今，遵循的规律都是一样的（即莫不以趋利避害为目的，莫不以把握事物关键为解决问题入手处）。由此而论，世间事物虽然变化无穷、纷纭万端，但都可以发现它们的规律：或者以阴为主导，或者以阳为主导；或者以柔为特征，或者以刚为特征；或以开放为特点，或以闭抑为特点；或者松弛不固，或者紧张难入。圣智之人在处理世间事物时，总是发现事物规律，把握事物关键，考察事物的发展过程，研究事物可变性和不变性以及事物应变能力的强弱，有的放矢地处理问题。

【原文】

　　夫贤不肖、智愚、勇怯、仁义有差[1]，乃可捭，乃可阖，乃可进，乃可退，乃可贱，乃可贵，无为以牧之[2]。审定有无[3]，以其实虚[4]，随其嗜欲，以见其志意[5]。微排其所言而捭反之[6]，以求其实，贵得其指[7]。阖而捭之，以求其利。或开而示之[8]，或阖而闭之[9]。开而示之者，同其情也；阖而闭之者，异其诚也[10]。可与不可，审明其计谋，以原其同异[11]。离合有守[12]，先从其志[13]。即欲捭之贵周[14]，即欲阖之贵密[15]。周密之贵微[16]，而与道相追[17]。捭之者，料其情也[18]；阖之者，结其诚也[19]。皆见其权衡轻重[20]，乃为之度数[21]，圣人因而为之虑。其不中权衡度数，圣人因而自为之虑^[22]。故捭者，或捭而出之，或捭而内之^[23]。阖者，或阖而取之，或阖而去之。

【注释】

〔1〕仁义有差：仁义有差等。　差：不同。

〔2〕无为：指无为之道。《鬼谷子》所说的"无为之道"与老庄的清静无为之道不同，它是指顺应自然之性而拨动之、因势而利导之的一种处世之道。　牧：治理，处理。

〔3〕有无：有无之数。此指世人的品质底细。

〔4〕以：因，依据，凭着。

〔5〕见：发现。

〔6〕微：暗中。　排：排察。

〔7〕指：同"旨"，旨意，主旨。

〔8〕示：启示，启发。此指启发对方让他敞开思想。

〔9〕闭：闭藏。此指使对方控制感情。

〔10〕异：与"同其情"之"同"为互词。同其情，即考察对方感情上与我们的同异点。异其诚，即考察对方诚意如何。

〔11〕原：追源，考察。

〔12〕离合有守：认识有差距。离合，原指二人相离或相逢，此指认识差距。守，原指各距一方，此指有距离。

〔13〕从，同"纵"，纵容，放纵。"从"、"纵"古今字。

〔14〕贵：以……为贵，此处意为"首先要"、"关键是"。

〔15〕密：与上句之"周"为互词，皆周密之意。

〔16〕微：微暗，不露声色。

〔17〕道：此指阴阳之道，即变动阴阳，因势利导而处理事物的方法。　追：相随，相合。

〔18〕料：考察，估量。

〔19〕结：尹曰："谓系束。"系束，即控制、掌握之意。

〔20〕权衡轻重：此指处理事情的谋略与措施。权，秤锤。衡，秤。权衡可以称物，引申为处理事情的方法和措施。

〔21〕度数：度量，准则。

〔22〕自为之虑：此指自己另外谋划决策。

〔23〕内：接纳，吸收。"内"、"纳"古今字。

【译文】

世人中有贤良者，有不肖者；有智识之士，有愚暗之辈；有勇敢者，有怯懦者；有仁人君子，有苟且小人……总之，人们的品行千差万别，素质千模百样。所以，要针对不同的人品素质，采取不同措施。对某些人可以开导，对某些人可以压抑；对某些人可以擢用，对某些人可以黜退；可以让某些人富贵，可以使某些人贫贱。总之一句话，要顺应人们的自然品性去分别对待他们。(要起用一个人，)首先要摸清他的品质如何，摸清他的真假虚实，顺从他的嗜欲愿望，去发现他的志向意图。并要暗中排察他的言语，或启导他，或控制他，以侦知他的真情实意，以明了他的性格主流。即对他使用捭阖之术，来达到我们的目的。或开导他给他以启示，或压抑他使他控制自己。开导、启发他，是为了让他畅所欲言，以考察他在感情上与我们有无距离；压抑、控制他，是为了观察他的反应如何，以了解他对我们的诚心大小。考察某人可用不可用，还要查明他的谋略计划的优劣以及同我们的谋略计划的差距大小。若同我们的谋略计划距离较大，先纵容他，让他照自己的意志去办(而我们暗中做手脚)。就是说，使用捭阖之术，离不开暗中谋划。当然，这种谋划要周密。若要谋划周密，首先行事要微暗，要不露声色。这样做，就与阴阳之道暗合无隙了。(对人使用捭阖之术，)或开启引导他，估量出他的情怀；或压抑控制他，摸准他的诚心。还要知道他的谋略措施。(掌握了这三件事，我们就可以区别对待了。)若他品行可用，对我们真诚无二，而且谋略措施得当，与我们距离较小，合乎我们的准则，我们就可以擢用他，帮他完善谋略措施；若对方品行低劣，对我们不忠，而且谋略措施失当，与我们距离较大，不合我们的准则，我们便抛开他，自己另作谋划，重新决策。总之，对人使用捭阖之术时，或者开导他帮他完善决策，或启发他让他吐露决策以便被我们吸取；或抑制他以便于我们顺利起用他，或抑制抛弃他而不用。这就是捭阖之道。

【原文】

捭阖者，天地之道[1]。捭阖者，以变动阴阳四时[2]，开闭以化万物[3]。纵横反出[4]，反覆反忤[5]，必由此矣。捭阖者，道之大化[6]。说之变也[7]，必豫审其变化[8]，吉凶大命系焉[9]。口者，心之门户也[10]。心者，神之主也[11]。志意、喜欲、思虑、智谋，此皆由门户出入[12]。故关之以捭阖[13]，制之以出入[14]。捭之者，开也，言也，阳也。阖之者，闭也，默也，阴也。阴阳其和，终始其义[15]。故言长生、安乐、富贵、尊荣、显名、爱好、财利、得意、喜欲，为阳，曰始[16]。故言死亡、忧患、贫贱、苦辱、弃损、亡利、失意、有害、刑戮、诛罚，为阴，曰终[17]。诸言法阳之类者，皆曰始，言善以始其事[18]。诸言法阴之类者，皆曰终，言恶以终其谋[19]。捭阖之道，以阴阳试之[20]。故与阳言者依崇高[21]，与阴言者依卑小[22]。以下求小[23]，以高求大[24]。由此言之，无所不出[25]，无所不入[26]，无所不可。可以说人，可以说家[27]，可以说国[28]，可以说天下。

【注释】

〔1〕天地之道：即阴阳之道。天为阳，地为阴。

〔2〕四时：春夏秋冬四季。此指自然秩序。

〔3〕开闭：即捭阖。

〔4〕纵横反出：即阴阳的具体表现。纵与横，反（返）与出，都是对立的事物，可用阴阳来区分。

〔5〕反覆反忤：亦为阴阳的具体表现。

〔6〕道之大化：阴阳之道的关键所在。

〔7〕说之变：指游说中的某些变化。

〔8〕豫：预先。"豫"、"预"古通。《礼记·学记》："禁于未发之谓豫。"《说苑·建本》"豫"作"预"。

〔9〕吉凶：此指游说成功或失败。　　大命：此指游说目的。

〔10〕心：指内心思想。

〔11〕主：主使，主持。

〔12〕出入：此指表现、表述。

〔13〕关：此指控制。

〔14〕制：制约。

〔15〕阴阳其和，终始其义：尹曰："开闭有节，故阴阳和。先后合宜，故终始义。"杨慎曰(以下简称"杨曰")："一阴一阳则道体现，一捭一阖则事机成。终始其义，终事始事，以捭阖之意行之。"按：终事始事的要义所在，是明了阴阳调和之理。

〔16〕故言长生……曰始：尹曰："凡此，皆欲人之生，故曰始，曰阳。"按：始为乾，乾为阳，故"始""阳"并言。始即初始、出发点，引申为人生行动的目的所在。即言上述长生、安乐、富贵等事物都是人生所追求的东西。

〔17〕故言死亡……曰终：尹曰："凡此，皆欲人之死，故曰阴，曰终。"按：终为坤，坤为阴，故"终""阴"并言。又，《玉篇》："终，穷也。"穷急困窘，是人所不欲，是人生的忌讳。

〔18〕善：此指善言。善言为阳。

〔19〕恶：此指恶言。恶言为阴。

〔20〕阴阳：此指阴言和阳言。

〔21〕崇高：崇高之言，即上述阳言。

〔22〕卑小：卑下之言，即上述阴言。

〔23〕下：卑下的阴言。　　小：此指小人。

〔24〕高：崇高的阳言。　　大：此指君子。

〔25〕出：此指被策士、说客们启发。

〔26〕入：此指听从游说策士的话。

〔27〕家：原指大夫采邑。此指封有采邑的大夫。

〔28〕国：此指据有一国的诸侯。

【译文】

　　捭阖之术，以阴阳之道为主旨。捭阖，就是变动阴阳，干扰自然顺序，就是用开闭之法去促使万事万物变化、转化。纵和横，返和出，反和覆，反与忤，都是事物阴阳的具体表现，都可以用阴阳来区别、说明它们。(反过来讲，)使用捭阖之术使事物转化，正是阴阳之道的关键所在。游说过程中的一变一化，都出自捭阖之术，所以要预先审知捭阖之术的阴阳法则，这是游说能否成功，游说目的能否达到的关键。人嘴，是表达内心思想的机关。内心思想，又是由人的神气来主使的。志向与意愿，喜好与欲求，思念和焦虑，智慧和谋略，都是由嘴这个机关表露出来的。所以，应该用捭阖之术来调控人嘴，应该用开闭之法来调整人嘴。使用捭术，就是让对方开口，让对方说话，这就是阳道。使用阖术，就是让对方闭口，让对方沉默，这就是阴道。懂得了阴道和阳道的交替使用，就能够懂得"终"和"始"的意义了。我们把长生、安乐、富贵、尊荣、显名、爱好、财利、得意、喜欲等归为阳类事物，把它们称作人生向往。我们把死亡、忧患、贫贱、苦辱、弃损、亡利、失意、有害、刑戮、诛罚等归为阴类事物，把它们称作人生忌讳。那些效仿、涉及上述阳类事物的说辞，可以叫作"人生向往型语言"，是说可以用这类美好的语言去说动对方进行某事。那些效仿、涉及上述阴类事物的说辞，可以叫作"人生忌讳型语言"，是说可以用这类令人厌恶的语言去威胁对方中止他的阴谋。游说中运用捭阖之术时，先用阴言和阳言去试探对方（以确定对方是喜欢阴言还是喜欢阳言）。跟喜欢阳言的人论谈时以使用涉及上述阳类事物的崇高语言为主；与喜欢阴言的人论谈时以使用涉及上述阴类事物的卑下语言为主。这样，我们用卑下的阴言去打动小人，用崇高的阳言去说服君子。因此可以说，（用捭阖之术去游说，）就没有探测不到的真情，就没有不听从我们决策的人，就没有不能说服的人。（用捭阖之术去游说，）可以说动每个人，可以说动每个有封地的大夫，可以说动每个诸侯国的君主，可以说动天下的霸主。

【原文】

为小无内[1]，为大无外[2]。益损、去就、倍反，皆以阴阳御其事[3]。阳动而行，阴止而藏。阳动而出，阴隐而入。阳还终阴[4]，阴极反阳。以阳动者，德相生也[5]。以阴静者，形相成也[6]。以阳求阴[7]，包以德也[8]。以阴结阳[9]，施以力也[10]。阴阳相求[11]，由捭阖也。此天地阴阳之道，而说人之法也。为万事之先[12]，是谓圆方之门户[13]。

【注释】
〔1〕无：通"毋"，不要。
〔2〕为小无内，为大无外：这两句表现了《鬼谷子》处理事情时的辩证思想。
〔3〕益损……御其事：尹曰："以道相成曰益，以事相贼曰损，义乖曰去，志同曰就，去而遂绝曰倍，去而复来曰反。凡此不出阴阳之情，故曰皆以阴阳御其事。"
〔4〕还：还返，再生。高金体曰(以下简称"高曰")："旨合阴阳。"
〔5〕德：内在本质，自身规律。
〔6〕形：外在形态。
〔7〕求：寻求，达到。
〔8〕包：包容，规范。
〔9〕结：连接，引申为辅加、辅助。
〔10〕施以力：施以外力，由外去影响内。
〔11〕相求：互相需求，相互辅助。
〔12〕先：此指既定法则。
〔13〕圆方：此指世上的有形事物和无形事件。圆，以喻无形。方，以喻有形。

【译文】
　　从小处入手处理问题时，不要光盯着事情的内部；从大处着眼处理问题时，不要仅仅注意事情的外部，要有辩证观点和全局眼光。益损、去就、倍反等，都是阴阳之道的行为表现。阳道以动为特征，故以进取为主要表现形式；阴道以静止为特征，故以闭藏为主要表现形式。阳动必然显现，阴止必然潜藏。阳道超过了极限就成为阴道，阴道超过了极限就变为阳道。用阳道去拨动事物，是为了让它按自身规律发展；用阴道去安定事物，是为了让它巩固自己的形态。用阳道去统括阴道，就要用内部规律去规范外在形态；用阴道去辅佐阳道，就要用外在形态去影响内在本质。阴阳相辅相成，互为其用，集中体现在捭阖之术上。这就是天地自然界以及人世社会中的阴阳之道，这就是游说人主的根本原则。它是万事万物的既定法则，是一切有形之物和无形之事的关键。

反 应 第 二

【提要】

本文讨论了考察事物和了解别人的方法论问题。

首先，本文提出，要用历史的、发展的眼光去考察事物，以今推古，以古察今。

其次，本文论述了了解别人的三种方法。其一，静听法。自己保持沉默，静心听取别人的言语，仔细考察他的真正意图，像张网捕兽一样，静心捕捉别人的言辞。其二，反听法。发挥自己的主观能动性，主动发出信息，试探对方。尹知章曰："听言之道，或有不合，必反以难之。彼因难而更思，必有以应也。"即用言语、动作、表象等去拨动对方，观察、研究他的反应，分析反馈回来的信息，以侦知对方的真情实意。其三，以己推人法。人是有共性的，知人始己，自知而后知人。可用自己在某事、某物、某种情况下的心理反应、态度去推想、推知别人。

本文对于反听法，即发挥自己的主观能动性去探知别人的方法论述得较为详尽，表现了文章的重心所在。这与《鬼谷子》强调发挥主观能动性去拨动、掌握局势，以达到自己目的的主导思想是一致的。

【原文】

古之大化者[1]，乃与无形俱生[2]，反以观往[3]，覆以验来[4]。反以知古，覆以知今。反以知彼，覆以知此。动静虚实之理[5]，不合于今，反古而求之。事有反而得覆者^[6]，圣人之意也，不可不察。

【注释】

〔1〕大化：天地万物的造化。

〔2〕无形：尹曰："道也。"此指自然界和人世社会的基本规律。

〔3〕往：历史。

〔4〕来：未来之事。

〔5〕动静：指世间的一切事件。　　虚实：指世界上一切事物。

〔6〕事有反而得覆者：意指世上一切事理都可以反复推求。

【译文】

自古到今，天地自然、万事万物的运动变化，都是与大道一同产生的。(大道无处不在，一以贯之。)我们可用大道去了解历史，可用大道去推求未来。可用大道去了解历史，可用大道来了解今天。我们可以用大道去了解世界上这类、那类等一切事物。世上万事万物的道理，在今天找不到比证的，都可以从历史中获取。大道一体，古今一致，任何事物都可以反复地比证考察，这就是圣人的本意，我们万万不可忽略。

【原文】

人言者，动也。己默者，静也。因其言^[1]，听其辞。言有不合者^[2]，反而求之^[3]，其应必出^[4]。言有象^[5]，事有比^[6]。既有象比，以观其次^[7]。象者，象其事^[8]。比者，比其辞也。以无形求有声^[9]。若钓语合事，得人实也^[10]。其犹张罝网而取兽也^[11]，多张其会而司之^[12]。道合其事^[13]，彼自出之，此钓人之网也。常持其网驱之。

【注释】

〔1〕因：循，顺着。

〔2〕不合：前后矛盾。

〔3〕反：反问，反诘。

〔4〕应：应声。　　出：露出（真情）。

〔5〕象：形象。此指言辞中涉及的事物形象。

〔6〕比：并列，类比。此指同类事物。

〔7〕次：后，后边。此指言辞背后隐藏的意图。

〔8〕此句与下句，疑后人注文误入正文者。

〔9〕无形：即上边所说的"静"、"己默"。

〔10〕钓语：俞樾曰："谓人所隐藏不出之言，以术钓而出之。"

〔11〕罝(jū 居)：《尔雅·释器》："兔网谓之罝。"即捕兔子的网。

〔12〕多张其会而司之：高曰："言语设乎事机之会，必有合乎彼，彼自出而应之，此驱人之网也。"会，指兽常出没的地方。司，即伺，段玉裁曰："古别无伺字，司即伺字。"（《说文解字注》"司"字注）

〔13〕道：此指我们发出的反诘辞。

【译文】

（就动静原理而论，）别人在侃侃而谈，是动；我们静默听辞，是静。（别人动、我们静，别人说、我们听，正是以静制动。）可以顺着他的话，去探听其中的辞意。若发现了他言辞中前后矛盾的地方，马上反问他而探求他的真意，他必然在应声回答中露出真情。（只要我们静观静听，）就可以体味出他言辞中包容的事物形象，就可以了解他谈的事物中涉及的其他同类事物，我们就可以通过这些事物形象和同类事物去考察它们背后所隐藏的谈话者的意图。象，这里是指言辞中事物的外在形貌。比，这里是指言辞中事物的同类事物。我们就这样用静默去探求别人言辞中的隐含意图，就好像用饵钓鱼一样，用静默和反诘去钓别人的言辞，通过钓得的言辞去判断他的决策，以掌握对方真情。又像多张网罝等待猎兽那样，多用反诘语言去多方试探。一旦试探对了路，对方必然自己吐露真情，这就是网人真情的网啊！应常用这样的钓人方法去掌握别人。

【原文】

其不言无比，乃为之变〔1〕。以象动之〔2〕，以报其心[3]。见其情，随而牧之[4]。己反往，彼覆来[5]，言有象比，因而定基[6]。重之袭之[7]，反之覆之，万事不失其辞。圣人所诱愚智，事皆不疑[8]。故善反听者[9]，乃变鬼神以得其情[10]。其变当也[11]，而牧之审也。牧之不审，得情不明。得情不明，定基不审。变象比，必有反辞以还听之[12]。欲闻其声反默[13]，欲张反敛，欲高反下，欲取反与[14]。欲开情者[15]，象而比之，以牧其辞，同声相呼，实理同归[16]。或因此，或因彼，或以事上[17]，或以牧下[18]。此听真伪、知同异、得其情诈也。动作言嘿，与此出入。喜怒由此以见其式[19]。皆以先定[20]，为之法则。以反求覆，观其所托[21]，故用此者。己欲平静[22]，以听其辞，察其事，论万物，别雄雌。虽非其事，见微知类[23]。若探人而居其内[24]，量其能，射其意[25]，符应不失[26]，如蛇之所指[27]，若羿之引矢[28]。

【注释】
　　〔1〕其不言无比，乃为之变：杨曰："其（不）言无比者，彼人犹不相应也，于是设象以动之，所谓'以阴结阳，施以力也'。于是彼不得不见（现）其情，而我乃得而牧之。此反覆往来之术也。"
　　〔2〕象：设象，我们做出某种表象。
　　〔3〕报：尹曰："犹合也。"即应和。
　　〔4〕牧：俞樾曰："察也。"即考察、察知。
　　〔5〕己反往，彼覆来：指我们设象，对方应和，这样反复多次。
　　〔6〕定基：此指掌握对方意向的主流。
　　〔7〕袭：重复。
　　〔8〕圣人……不疑：尹曰："圣人诱愚则闭藏，以知其诚；诱智则拨动，以尽其情，咸得其实，故事皆不疑也。"

〔9〕反听：指发出信息去引诱对方，从反馈回的信息中测得对方真情的方法。

〔10〕变鬼神：鬼神善变。变鬼神，言多般变化。

〔11〕当：即上所言"道合其事"，手法的变换碰准了对方心意。

〔12〕反辞：反诘语。　　还听：即反听。按：这里讲的是一种揣情中的"反引法"，详《揣测篇》所论。

〔13〕默：沉默。

〔14〕与：给与。按：这里讲的方法，表现了作者的辩证观点。

〔15〕开情：让对方吐露情怀。

〔16〕同声相呼，实理同归：高曰："蛙鸣鳖应，类自相从。"杨曰："云中鹄鸣而庭鹤翔舞，知己之与为同类也，故常能下之。"

〔17〕事上：此指从谈话开始处考察对方意图。

〔18〕牧下：此指从谈话结尾处入手审察对方意图。

〔19〕式：《说文》："法也。"

〔20〕先定：既定准则。

〔21〕托：此指寄托在言辞中的真情。

〔22〕欲：要。

〔23〕虽非其事，见微知类：尹曰："谓所言之事，虽非时要，然观此可以知微，故曰见微知类。"

〔24〕内：内心。

〔25〕射：猜测。

〔26〕符应：某种事物产生和某种现象发生，必然引起另一种事物产生和另一种现象发生，古代称作符应。

〔27〕螣蛇之所指：尹曰："螣蛇所指，祸福不差。"螣蛇，传说中一种能兴云作雾的神蛇，六朝术士用青龙、白虎、朱雀、玄武、螣蛇、勾陈六神以占算，谓螣蛇所指，祸福不差。

〔28〕若羿之引矢：尹曰："羿之引矢，命处辄中。"羿，又称后羿，古代传说中的善射者。

【译文】

对方若不接我们的话茬，不回答我们的反问时，就要改换办法。我们做出某些表象去打动他，去应和他的心意，使他透露真情，我们随之掌握他的意图。通过这样我们设象、使对方应和的多次反复，我们终于掌握住他言辞中的事物表象和同类事物，就可以因此而抓住对方意向的主流。这样多次重复，多次反复，任何事情都可以从对方言辞中侦知。圣智之士用这种方法去对付智者、愚者，任何真情都可以测得而无疑惑。所以，自古那些发挥主观能动性去主动探查对方的人，总是变换着手法去侦探对方的情怀。在手法变换中打动了对方，就可以查明对方的真情了。不能明察对方真情，是因为从对方获得的言辞信息不明。获得言辞信息不明，就不能明知对方的主导意图。（这种情况下，）我们就必须变换手法使对方言辞中的象、比信息改变，而后顺着他的变换言辞去反诘他，让他回答，然后收集反馈回的信息。（另外，还可使用"反引法"。）就是说，我们想要听到对方讲话，自己反而用沉默来逗引他；想让对方张口讲，自己反而闭口不语；想让对方情绪高涨以夸夸其谈，自己反而低沉；想从对方那儿得到点什么，自己反而先给与他点什么。（又可用"正引法"。）想要让对方吐露情怀，就自己先设表象去引动他，设法让他讲话，让他对我们随声应和，引为知己而开情吐意。我们或者顺着他的这番话去探测他，或者顺着他的那番话去探测他；或者从他的话端顺势考察，或者从他的话尾逆推考察。所有这些，都是辨别真话假话、分析性质同异，分辨真象假象的方法。对方的动作、言语、口气，都可以用这个方法去考察；对方的一喜一怒，都可以用这些方法去发掘原因。这些方法，都是探测别人的既定准则，是考察别人的依据。要在反复探求中，去观察对方言辞中寄托着的真情，就要用这些准则和依据。总之，我们要平心静气地去听别人的言辞，去考察其言辞中涉及的事件，去考辨其他一切事物，去辨别事物性质。（运用此法），即使从对方言辞中的次要事件中，也可侦知其中隐含的真情实意。（运用这些方法去探测别人）就好像钻到他心中探测一样，可以准确地估计出他的能力，可以准确地猜测出他的本意。这种估计和猜测必然像"符应现象"那样不失其意，就好比是螣蛇所指祸福不差、后羿发矢必定命中那样（必定能从对方言辞中探出真情实意）。

【原文】

故知之始己，自知而后知人也。其相知也[1]，若比目之鱼[2]；其见形也[3]，若光之与影[4]。其察言也不失，若磁石之取针[5]，如舌之取燔骨[6]。其与人也微[7]，其见情也疾[8]。如阴与阳[9]，如圆与方[10]。未见形，圆以导之[11]；既见形，方以事之[12]。进退左右[13]，以是司之。己不先定，牧人不正[14]。事用不巧[15]，是谓忘情失道[16]。己审先定[17]，以牧人策[18]，而无形容，莫见其门[19]，是谓天神[20]。

【注释】

〔1〕相知：此指了解别人。

〔2〕比目之鱼：古人谓比目鱼相并而行。

〔3〕见：出现。"见"、"现"古今字。

〔4〕光之与影：光一亮，影便出现。

〔5〕磁石之取针：先秦人已知道磁石吸铁，《吕氏春秋·精通》："慈（磁）石召铁，或引之也。"

〔6〕燔骨：烤烂的骨头。燔，烧，烤。

〔7〕微：微少。

〔8〕疾：迅速。

〔9〕阴与阳：阴与阳无处不在。

〔10〕圆与方：无规矩不能成方圆。

〔11〕圆：此指圆活的方法。

〔12〕方：此指一定的规矩。

〔13〕进退左右：指我们的一切行动，所做的一切事情。

〔14〕牧：考察。详前注。

〔15〕事用不巧：指忘记了上边说的"圆以导之"。

〔16〕忘情：不合实际情况。　　失道：抓不住本质。

〔17〕审：此指审察别人的准则。

〔18〕策：决策，计划。

〔19〕门：门径，要害。

〔20〕天神：天神无形无容，难测难知。

【译文】

　　了解别人的最好方法是从了解自己开始,(人是有共性的,)了解了自己,就可以了解别人了。(若能这样做,)我们了解别人,就像比目鱼相并而行那样一丝不差;(我们掌握别人的言辞,就像声音与回响那样随声而得;)他自己现出形意,就像光和影子那样光一亮影子就出现。用这种方法去探查别人的言辞,就会不失毫厘地掌握到他的真意,就像磁石吸铁针那样,又像舌头舔取烤熟的骨肉那样,一察即得。(若我们用此法去探查人,)那么我们发出很少的信息量,对方马上就会很快地向我们敞开情怀。这种探查人的方法,就像阴与阳无处不在那样无事、无人不可用,又像画圆画方要有规和矩那样有一定的规则。即当对方形迹未显时,我们要用圆通灵活的手法去引导他;当对方形迹已显时,我们又用一定的准则去衡量他。进退左右等任何行动都可以用这种规则去掌握。这样,我们必须预先制定一些考察人的准则,否则我们就不能正确地去衡量人。但是,我们在使用此法时又不可忘记了它那圆活的一面,否则就会不合实情,丧失真谛。总之,我们运用这种方法,按照预先制定的考察别人的准则去考察他的决策、计划,就会无形无容,让对方摸不透,抓不着,而觉得我们像天神那般难测难知。

内 揵 第 三

【提要】

内，即入内，进入君主宠臣的圈子。揵(qián 前)，《唐韵》："举也。"举，即包揽、替代君主决策。本文论述的重点是策士见君后的取宠之法和制君之术。

本文认为，策士与君主打交道，可分两步走。第一步，取宠见用。策士游说君主的目的，是为了让君主听从他们的决策去解决君主面临的问题，所以，首先要取得君主的宠爱和信任。如何取得君主宠信？本文论述了"心近"和"身近"的辩证关系后提出，策士们要投君主所好，先争取"心近"，让君主视作心腹，待之"决事"，然后进献良策，达到见用的目的。

第二步，驾驭君主。纵横策士们的政治目的决不仅仅是充当君主的宠臣，而是在取宠见用后进一步运用阴谋权术去驾驭君主，代君主决策，做个"不在位"的君王。所以本文提出，对那些可以借用的君主，就帮他建功立业，让他听从我们的决策。对不可凭依的君主，就设法离去，不为其所累，另靠明主，以展宏图。

【原文】

君臣上下之事，有远而亲，近而疏，就之不用[1]，去之反求，日进前而不御[2]，遥闻声而相思。事皆有内揵[3]，素结本始[4]。或结以道德，或结以党友[5]，或结以财货，或结以采色[6]。用其意[7]，欲入则入[8]，欲出则出[9]，欲亲则亲，欲疏则疏，欲就则就，欲去则去，欲求则求[10]，欲思则思[11]。若蚨母之从其子也[12]，出无间[13]，入无朕[14]，独往独来，莫之能止。内者进说辞[15]，揵者揵所谋也。欲说者务隐度[16]，计事者务循顺[17]。阴虑可否[18]，明言得失[19]，以御其志[20]。方来应时[21]，以合其谋[22]。详思来揵[23]，往应时当也[24]。夫内有不合者[25]，不可施行也。乃揣切时宜[26]，从便所为[27]，以变求其变[28]。以变求内者[29]，若管取揵[30]。言往者[31]，先顺辞也[32]；说来者[33]，以变言也[34]。善变者，审知地势[35]，乃通于天[36]，以化四时[37]，使鬼神[38]，合于阴阳，而牧人民[39]，见其谋事[40]，知其志意。事有不合者[41]，有所来知也[42]。合而不结者[43]，阳亲而阴疏也[44]。事有不合者，圣人不为谋也[45]。故远而亲者，有阴德也[46]。近而疏者，志不合也。就而不用者，策不得也[47]。去而反求者，事中来也[48]。日进前而不御者，施不合也[49]。遥闻声而相思者，合于谋[50]，待决事也。故曰，不见其类而为之者见逆[51]，不得其情而说之者见非。

【注释】

〔1〕就：靠近，凑上去。

〔2〕御：《广韵》："侍也，进也。"指君主信用。

〔3〕内揵：此指内心联结。

〔4〕素结本始：即本始于素结，本源于平时的交结。

〔5〕党友：结党联友。

〔6〕采色：指容色，阿谀奉迎之态。

〔7〕用其意：指迎合君主心意。

〔8〕入：入政，参与政事。

〔9〕出：指出世，不参与政事。

〔10〕求：使动用法，让君主诏求。

〔11〕思：使动用法，让君主思念。

〔12〕蚨(fú伏)母：即青蚨。古代巫术以为青蚨之母与子的血可以相互吸引，用母血和子血涂在铜钱上，两铜钱也可以互相吸引。见《淮南万毕术》《搜神记》《本草拾遗》等所记。

〔13〕间：间隙。

〔14〕朕：形迹。

〔15〕内：俞樾曰："读为纳。"即被君主接纳。

〔16〕隐度：暗中揣度。

〔17〕循顺：沿着，顺从。

〔18〕阴虑：暗中考虑。

〔19〕明言：公开讲。

〔20〕御其志：指迎合君主心意。

〔21〕方来应时：尹曰："谓以道术来进，必应时宜，以合会君谋也。"

〔22〕其：君主。

〔23〕来捷：前来进举的计谋。

〔24〕往应时当：既迎合君意，又合形势。

〔25〕内：此指决策内的某部分。

〔26〕切：切摩，切磋。

〔27〕从便所为：指便利实施。

〔28〕其：指我们的决策。

〔29〕内：此处同"纳"，详上注。

〔30〕管：钥匙。　捷：通"键"，锁。

〔31〕言往者：讲历史。

〔32〕顺辞：顺从君主心意的言辞。

〔33〕说来者：讨论未来。

〔34〕变言：有变通余地的话。

〔35〕地势：指地理形势。

〔36〕通于天：指明于天道。

〔37〕化四时：指改变自然顺序。

〔38〕使神鬼：掌握变化。神鬼善变。

〔39〕人民：疑当作"人心"，指君主心意。

〔40〕谋事：指处理事务。

〔41〕事有不合：决策不合君心。

〔42〕知：了解、掌握。

〔43〕结：两心相结。此指认可、执行我们的决策。

〔44〕阳：此指表面。　阴：此指内心。

〔45〕谋：此指谋划、计划。

〔46〕德：通"得"，得君心。

〔47〕得：此指得君心。

〔48〕事中来：这种情况是由决策引起的。

〔49〕施：措施，此指解决问题的决策。

〔50〕合于谋：计谋相合。

〔51〕不见其类而为之：指不被君主宠信却代为决策。　见逆：被排斥。

【译文】

　　君臣上下间的关系中，有的身远反而关系密切，有的身近却关系疏远；有的凑到近前反而得不到起用，有的离开了反而被诏求；有的天天活动在君主面前却不得信用，有的被君主远远听到名声便朝思暮想。这都是由于内心相知的程度不同所致，本源于平素中的交结。(君臣交结，)有的以道德交结，有的以结党联友交结，有的以财物交结，有的以容色交结。只要摸准了君主心意，善于迎合其意，想入政就能入政，想出世就能出世；想亲近君主就能亲近，想疏远君主就能疏远；想靠近君主就能靠近，想离开君主就离开；想让君主诏求就能得到诏求，想让君主思念就能让君主思念。就像青蚨母子之血可以相互吸引一样，可以把君主吸引得无间无隙，我们就可以在宫廷中独往独来，没有谁能够阻止我们。(这就是内捷。)所谓"内"，就是利用说辞以取得君主的接纳、宠信；所谓"捷"，就是独擅为君主决策的大权。(为达此目的，)想去游说君主时就必须暗中揣度君主心意，出谋划策时也必须顺应君主意愿。暗中考虑我们的决策是否符合时宜，公开讲清此决策的得失优劣，以迎合君心。就是说，我们的决策必须既合时宜，又合君意。必须让君主觉得我们进献的决策既跟形势又合他意。否则，若其中有不合君意之处，这决策就难以付诸实践。（若出现这种情况，）就要重新揣摩形势需要，以便利君主实施出发，去改变决策。让君主接受经过这样变更后的决策，就像用钥匙开锁那样一举即得了。（另外，要注意，同君主）谈历史事件时，要用"顺辞"，即充分肯定君主所作所为；但讨论未来事件时，却要用"变言"，即讲些有变通余地的话。运用自如地改变决策的人，必须审知地理形势，明于天道，又有改变固有顺序、善于应变的能力，并能合于阴阳变化规律，从而再去考察君主心意，观察他需要处理的事务，掌握他的意愿志向。就是说，若我们的决策不合君意，那是因为君主的某种心意、某些情况我们还没有掌握起来；若表面上同意我们的决策但实际上并不施行，是因为君主表面上同我们亲近了但实际上却疏远得很；若决策不合君意，圣智之人也难以将决策付诸实践。由此而论，身远反而关系亲密，是因为能暗中迎合君主心意；身近反而关系疏远，是因为与君主意气不合；凑近前去得不到进用，是因为决策不得君心；离去的反而诏求，是因为智谋合乎君意；天天活动在君前却不被信用，是因为计谋、规划不合君心；被君主远远听到名声而朝思暮想，是因为计谋与君主暗合，君主等待他前来磋商大事。所以说，没有得到君主宠信就进献计策，必被斥退；不了解君主心意就去游说，必定不能实现目的。

【原文】

必得其情，乃制其术[1]。此用可出可入[2]，可揵可开[3]。故圣人立事[4]，以先知而揵万物[5]，由夫道德、仁义、礼乐、忠信、计谋[6]。先取《诗》《书》[7]，混说损益[8]，议论去就[9]。欲合者用内[10]，欲去者用外[11]。外内必明道术[12]，揣策来事[13]，见疑决之[14]。策无失计[15]，立功建德[16]。治名入产业[17]，曰揵而内合[18]。上暗不治，下乱不寤[19]，揵而反之[20]。内自得而外不留^[21]，说而飞之^[22]。若命自来，己迎而御之^[23]。若欲去之，因危与之^[24]。环转因化^[25]，莫知所为，退为大仪^[26]。

【注释】

〔1〕术：此指君主决策。

〔2〕此用：尹曰："谓用其情也。"按：依尹注，"此用"即"用此"，应指用上述方法。

〔3〕开：此指与君主脱离关系，与"揵"相对而言。

〔4〕立事：谋事，决策。

〔5〕先知：先了解情况，先掌握信息。

〔6〕由：循、顺。

〔7〕《诗》：《诗经》。　《书》：《尚书》。

〔8〕混说：此指笼统地说。

〔9〕议论：此指内心盘算。

〔10〕内：指上面论述的向君主取宠的方法。

〔11〕外：指不向君主苟合取宠。

〔12〕道术：此指取宠术和制君术。

〔13〕策：通"测"。尹用"预揣"释"揣策"，即此意。

〔14〕决：决策。

〔15〕策：此指对付君主的计策。

〔16〕建德：此指立基业。

〔17〕治名入产业：尹曰："理君臣之名，使上下有序；入贡赋之业，使远近无差。"治名，指整顿朝纲。入产业，指治理民众。

〔18〕内合：与君意相合。

〔19〕上暗不治，下乱不寤：尹曰："上暗不治其任，下乱不寤其萌，如此则天下无邦，域中旷主。"

〔20〕揵而反之：指我们举荐的计谋必不合君心。

〔21〕内自得而外不留：尹曰："言自贤之主自以所得为得，而外不留贤者之说。"

〔22〕说而飞之：尹曰："为作声誉而飞扬之，以钓其欢心也。"

〔23〕御之：指控制君主。

〔24〕危：俞樾曰："读为诡。"诡即诡计、权变之术。

　　〔25〕环转因化：指依据不同类型的君主、根据不同的政治情况变换我们的方法去应付。
　　〔26〕仪：尹曰："仪者，法也。"

【译文】

　　一定要掌握好君主的心意、决策等情况，然后才能控制他的行动措施。运用这种方法，我们就可以入政、出世自由，就可以事君或离去随意了。所以，圣智之士谋事决策，都是凭着先掌握信息而控制万物，进而顺合道德、仁义、礼乐、忠信、计谋的种种规范。（对于君主的决策，）我们可以先取《诗经》《尚书》中的教诲为之论证，笼统地说些添添减减的修改意见，同时在内心衡量一下此决策与我方决策的差距大小，以决定离去还是留下。要想留下，就必须争取君主宠信，想要离去，就不用管这个。无论取宠还是不取宠，都必须明晓取宠术和制君术，必须具备预测能力和决疑能力。只有我们在这些方面没有失误，我们才能成功地站住脚，干一番大事业。（若遇到可以凭依的明主，）我们就帮他整顿朝政，治理民众，然后谋划些合君主心意的有成效的决策。若碰上君主在位不理朝政、奸臣当道不治民众的情况，我们谋划的决策就不可能适合当权者的口味。若遇到自视甚高、听不进外人意见的刚愎自用的暴君，那我们要先逢迎他，为他歌功颂德，博取他的欢心后再逐步说动他。总之，我们若被君主诏用，就先迎合他的心意而后设法逐步掌握他；若觉得某位君主不堪凭依而想离他而去时，就用权谋之术应付他再设法离去。要依据我们面临的政治情况来决定我们的策略，变换我们的手法，让外人摸不透，难知情，这就是进用和退居的根本原则。

抵巇第四

【提要】

尹知章曰："抵，击实也。巇，衅隙也。墙崩因隙，器坏因衅。方其衅隙而击实之，则墙器不败；若不可救，因而除之，更有所营置。人事亦犹是也。"抵巇，属于方法论范畴，是一种治世技法，是一种道术。这种道术包括两部分内容，其一，"世可以治，则抵而塞之"；其二，"（世）不可治，则抵而得之"。

本文先从自然现象的论述入手。自然事物的破坏，往往是由缝成隙，由小隙到大隙。要补救，则在刚见缝隙时就要着手。由此而知社会事件也是如此，事端初起，隐冥难知。圣智之士，则能知兆朕于初萌，塞缝隙于始见。若其隙不可塞，世不可治，则乘其隙而击破之，砸烂旧世界，自己创造新世界。

这就是纵横策士们的处世策略和技巧。

【原文】

物有自然，事有合离[1]。有近而不可见[2]，有远而可知。近而不可见者，不察其辞也[3]；远而可知者，反往以验来也[4]。

【注释】

〔1〕合离：此指分合规律。

〔2〕见：察知。

〔3〕辞：通"异"，《仪礼·大射仪》："不异侯。"郑注："古文异作

辞。"异，异点，此指事物、事件本身的特点。

〔4〕反往以验来：社会事件的历史考察法。反往，考察事件的历史成因、历史过程。验来，以历史过程比证今天的发展，以掌握其规律。

【译文】

世间事物都有自己本身的自然属性，社会事件有自己的分合规律。但对这些属性和规律，有的近在身边却难以看透，有的远在天边却了若指掌。近在身边难以看透，是因为没有掌握它的自身特征；远在天边却了若指掌，是因为对它的历史和现状作了深入研究。

【原文】

巇者，罅也[1]。罅者，涧也[2]。涧者，成大隙也。巇始有朕[3]，可抵而塞[4]，可抵而却，可抵而息，可抵而匿，可抵而得[5]，此谓抵巇之理也。事之危也[6]，圣人知之，独保其用[7]，因化说事[8]，通达计谋，以识细微[9]。经起秋毫之末[10]，挥之于太山之本[11]。

【注释】

〔1〕罅(xià 下)：缝隙。此指小缝。

〔2〕涧：此指中缝。

〔3〕朕：兆迹，迹象。

〔4〕抵：挡，引申为治理。

〔5〕可抵而塞……而得：尹曰："自中成隙者可抵而塞，自外来者可抵而却，自下生者可抵而息，其萌微者可抵而匿，都不可捄者可抵而得。"

〔6〕危：尹曰："兆才形。"

〔7〕保：恃，凭借。

〔8〕说事：此指议论此事，思量此事。

〔9〕细微：此指产生罅隙的微暗原因。

〔10〕秋毫：秋日羊毫，以喻细微。

〔11〕挥:《唐韵》:"振也,动也。"　　太山:即泰山,以喻大而坚固的物体。

【译文】

微隙不管,就会发展成小缝;小缝不治,就会发展成中缝;中缝不堵,就会发展成大缝(而使器物破毁)。微缝刚刚出现兆迹时,可以治理它,堵塞它,控制住它的发展,甚至可以让它恢复原状。这就是抵巇的一条基本原理。依此,事物败坏的兆迹刚刚出现时,圣智之士就应发现它,并凭着自己的力量,追寻它变化的踪迹并暗中思量琢磨,通盘筹划,以找到产生微隙的原因。事物常常如此,由于毫毛般微小的原因,发展下去,也能毁掉泰山般大而坚固的物体。

【原文】

其施外兆、萌牙蘖之谋〔1〕,皆由抵巇。抵峨巇〔2〕,为道术用〔3〕。天下纷错〔4〕,土无明主,公侯无道德,则小人谗贼〔5〕,贤人不用,圣人窜匿,贪利诈伪者作,君臣相惑,土崩瓦解而相伐射〔6〕,父子离散,乖乱反目,是谓萌牙巇罅。圣人见萌牙巇罅,则抵之以法〔7〕:世可以治,则抵而塞之〔8〕;不可治,则抵而得之〔9〕。或抵如此,或抵如彼;或抵反之,或抵覆之。五帝之政〔10〕,抵而塞之;三王之事〔11〕,抵而得之。诸侯相抵〔12〕,不可胜数。当此之时〔13〕,能抵为右〔14〕。

【注释】

〔1〕施:《玉篇》:"张也。"即扩展。　　牙:小芽。牙、芽古今字。
〔2〕抵:此处意为打、击。
〔3〕道术:此指游说处世权术。
〔4〕错:乱。

〔5〕谗贼：进谗言加害于人。

〔6〕射：射箭，引申为战斗。

〔7〕法：法则。

〔8〕塞：堵塞缝隙。

〔9〕得：自得天下。

〔10〕五帝之政：指像黄帝、颛顼、帝喾、尧、舜那样的德政。相传五帝时行禅让之法。五帝，一说为伏羲、神农、黄帝、尧、舜，一说为少昊、颛顼、高辛、尧、舜。

〔11〕三王之事：指像禹、汤、文王那样的政事。夏、商、周三代皆以征伐得天下。

〔12〕诸侯相抵：指各国诸侯互相攻伐。抵，击也。

〔13〕当此之时：指战国时期。

〔14〕右：上。吉礼尚右，以右为上。

【译文】

　　那些使缝隙萌生并扩而大之的种种谋略，也都是由抵巇原理生发出来的。从缝隙入手解决问题，是策士游说处世权术的实用手法。天下纷乱，地上没有明君，公侯权臣不讲仁德，于是小人谗害圣贤，贤者得不到进用，圣人逃避浊世，贪婪奸邪之徒兴起作乱，君臣互相欺骗迷惑，天下土崩瓦解，相互攻伐，父子离散不合，反目为仇，这也叫"萌芽巇罅"，即社会政治混乱逐步发展。圣智之士见到这种情况，就运用抵巇法则去处理：若认为世道还可以挽救，就采取措施弥补世道漏洞；若感到世道已发展到不可挽救的程度，就循其缝隙，打烂旧世界，重建新世界。或用这种手法治世，或用那种手法治世，或把世道反过来，或让世道恢复本来面目。总之，若遇到像五帝那样的德政，就用抵巇之术帮其弥补漏洞；若遇到像三王那样的征伐之世，就用抵巇手法取代它。当今之世，诸侯互相攻击，战争事件不可胜数，这时，就要充分利用我们的抵巇之术。

【原文】

　　自天地之合离^{〔1〕}，终始必有巇隙^{〔2〕}，不可不察也。

察之以捭阖，能用此道^[3]，圣人也。圣人者，天地之使也^[4]。世无可抵^[5]，则深隐而待时^[6]。时有可抵，则为之谋。此道可以上合^[7]，可以检下^[8]，能因能循^[9]，为天地守神^[10]。

【注释】

〔1〕天地之合离：指混沌初开，天地生成之时。

〔2〕终始：指事物发展变化的全过程。

〔3〕此道：指抵巇之术。

〔4〕天地之使：尹曰："后天而奉天时，故曰天地之使也。"指圣人能发现、掌握自然规律和社会规律而言。

〔5〕无可抵：没有可以抵击的缝隙，指清平盛世。

〔6〕时：时机，指世道出现缝隙之时。

〔7〕上合：尹曰："谓抵而塞之，助时为治。"

〔8〕检下：尹曰："谓抵而得之，使来归己。"即言自己得有天下。

〔9〕因：亦循也，遵循。

〔10〕天地守神：俞樾曰："《国语·鲁语》曰：'山川之灵，足以纲纪天下者，其守为神；社稷之守，为公侯。'故此云为天地守神。"为天地守神位，指郊天祀地。唯帝王才有权郊天祭地，故此代指得帝王之位。

【译文】

自从天地生成以来，任何事的发展变化过程中必然会出现缝隙，这是我们不可不留心观察的。用捭阖之术去明察世道，又能运用这种抵巇之术去解决问题，就是圣人了。圣人是能够发现并掌握自然规律和社会规律的人。若生逢盛世，没有缝隙可以利用，就深深隐藏起来等待时机。一旦有缝隙可利用的时机到来，就用抵巇之术进行谋划。抵巇这种道术，可以抵塞缝隙，帮助圣君治理天下；也可以抵击缝隙，重建一个新世界。如果能够遵循这种道术去处世，就能博得帝王之位。

卷中

飞 箝 第 五

【提要】

尹知章曰:"飞,谓作声誉以飞扬之。箝,谓牵持缄束令不得脱也。言取人之道,先作声誉以飞扬之,彼必露情竭志而无隐。然后因其所好,牵持缄束令不得转移也。"如尹知章所言,本篇主要讲述控制人的权术。

要想使用某人,必先了解此人,"必先察同异","知有无之数","定亲疏之事"。对此人摸透了,才能掌握他。能够掌握他,才可使用他。

要了解一个人,很重要的一条是让他自己吐露真情,敞开情怀,这就需要"引钩箝之辞",去套别人的真情,去引导他自言"内外之辞","以飞箝之辞钩其所好",审知此人的道德心计。

飞箝之术不但可以用于个人,还可以用于天下,以此钩知天下,游说诸侯,箝制诸侯,实现纵横策士们的政治目的,任他们箝持诸侯向东西南北走。

【原文】

凡度权量能,所以征远来近[1]。立势而制事[2],必先察同异之党,别是非之语[3],见内外之辞[4],知有无之数[5],决安危之计,定亲疏之事[6],然后乃权量之。其有隐括[7],乃可征,乃可求,乃可用,引钩箝之辞[8],飞而箝之[9]。钩箝之语[10],其说辞也,乍同乍异[11]。其不可善者[12]，或先征之而后重累[13]，或先重累而后毁之[14]。或以重累为毁，或以毁为重累。其用，或称财货、琦玮、珠玉、璧帛、采色以事之[15]，或量能立势以钩之[16]，或伺候见涧而箝之[17]，其事用抵巇。

【注释】

〔1〕征远来近：征召远近之贤者使他们都来听用。

〔2〕立势而制事：制造有利形势，干一番大事业。

〔3〕是非之语：此指与自己观点的同异。

〔4〕内外之辞：即真假之语。

〔5〕有无之数：尹曰："即道术能否。"指有无权谋韬略。

〔6〕亲疏之事：指人才使用。决定哪些人可亲近重用，哪些人须疏远黜斥。

〔7〕隐括：即檃栝，亦作檃括，本指矫直竹木的器具，引申为对我们有所匡正补益。

〔8〕钩箝之辞：尹曰："内感而得其情曰钩，外誉而得其情曰飞。得情则箝持之，令不得脱移，故曰钩箝。"

〔9〕飞：飞誉。

〔10〕语：即辞也。

〔11〕乍同乍异：尹曰："谓说钩箝之辞，或捭而同之，或阖而异之。"

〔12〕不可善：尹曰："谓钩箝之辞所不能动。"

〔13〕重累：杨曰："先以嘉言召之，而后以重累之事迫之，令必从也。"累，忧患，危难。重累，即以忧患胁迫。

〔14〕毁：诋毁，造舆论。

〔15〕采色：指美女姿色。　事：此指收买。

〔16〕立势：此指立去就之势。

〔17〕涧：此指漏洞、把柄。

【译文】

对人审度权谋，衡量才能，是为了让远近贤士前来为我所用。

要想创造形势，干一番大事业，必须先察知自己的死党有多少，他们的观点与自己的观点是否完全一致，他们是否说真心话，是否有高超的权谋韬略，还要制定图谋大事的计谋，排比自己的队伍，决定可重用的人物。安排好人事之后，再权衡形势而谋图大事。对于那些可以匡正裨补我们决策的人，才可以征求，才可以使用。应对他们使用钩持箝制辞句，飞誉而箝制住他们，使他们为我所用。钩持箝制之类的语言，作为游说辞句来说，或大开大启，或大闭大抑，也是用捭阖之术来驾驭。对于那些用钩箝之辞不能控制的人，（就用"重累术"制服他。）或者先把他征召来，而后用忧患、危难之事胁迫他；或先胁迫他而后再造舆论诋毁他。或主要用胁迫术，或主要用诋毁术。总之，飞箝术的运用，或用财物、宝石、珠玉、璧玉财帛、美女容色来引诱收买；或者依据他的才能摆出或收留或不收留的样子来控制他；或使用抵巇之术，访察他语言、行动中的漏洞威胁他（让他乖乖跟我们走，是最终目的）。

【原文】

　　将欲用之于天下[1]，必度权量能，见天时之盛衰，制地形之广狭、岨崄之难易[2]，人民财货之多少[3]，诸侯之交，孰亲孰疏，孰爱孰憎[4]，心意之虑怀[5]。审其意[6]，知其所好恶，乃就说其所重，以飞箝之辞钩其所好，乃以箝求之[7]。用之于人[8]，则量智能，权材力，料气势[9]，为之枢机[10]。以迎之随之[11]，以箝和之[12]，以意宣之[13]，此飞箝之缀也[14]。用之于人则空往而实来[15]，缀而不失[16]，以究其辞[17]，可箝而从[18]，可箝而横[19]，可引而东[20]，可引而西，可引而南，可引而北，可引而反[21]，可引而覆[22]。虽覆能复[23]，不失其度[24]。

【注释】

〔1〕用之于天下：意指施展政治抱负，对君主用飞箝之术，以控制他。

〔2〕岨崄(jū xiǎn 居险)：山川险要之处。岨，同"砠"，戴土的石山。崄，同"险"。

〔3〕人民财货：此指军事实力和经济实力。先秦时按户数征兵，国内人口多，兵员就多。

〔4〕诸侯……孰憎：指国际外交局势，它是战国时期政治形势中的重要方面。

〔5〕心意之虑怀：指君主关心的问题。

〔6〕审其意：审察君主心意。

〔7〕以箝求之：以飞箝之术箝制君主让他执行策士们的决策。

〔8〕人：此指君主以外的其他人。

〔9〕气势：指人的气度。它是战国时选用策士的重要标准之一。

〔10〕枢机：关键。即上所言财货、宝石等喜好。

〔11〕迎：迎合。　随：附和。

〔12〕和：指双方调和。

〔13〕宣：宣导，开导，启发。

〔14〕缀：连结。

〔15〕空往而实来：尹曰："我但以声誉飞扬之，故曰空往；彼则开心露情，归附于己，故曰实来。"

〔16〕缀而不失：与对方连结而不分离，此指牢牢控制对方。

〔17〕究：一查到底。

〔18〕从：纵。"从"、"纵"古今字。纵，指合纵，即联合众弱国以对付一强国。

〔19〕横：指连横，即两个强国联合起来对付其他弱国。

〔20〕引：导引。

〔21〕反：一反旧策略，抛开旧盟友。

〔22〕覆：恢复旧方针，与旧盟友言归于好。

〔23〕复：恢复。

〔24〕度：一定准则。

【译文】

　　若要将飞箝之术运用到政治斗争中，去游说君主时，一定要先审度这位君主的权谋，衡量他的才能，观察天时是否宜于我们行动，审察地形宽窄、险阻难易是否对我们有利，看这个国家军事、经济实力如何，看这个国家盟友有多少以及国际上的联盟是否对这个国家有利，还要知道这位君主最关心的是什么。摸准了君主的心意，了解他喜欢什么、讨厌什么，然后前去游说他最关心的事情，并用飞箝之辞钓知他的喜好，再用飞箝之术箝制他，让他照我们的决策办。若要对君主以外的人用飞箝术，就要先衡量对方的智力才干，权衡他的才气能力，审度一下他的气度仪表，抓住他的喜好弱点，去迎合他、附和他，用飞箝之术调和他与我们的差距，用我们的意图去开导、启发他，这就是用飞箝之术去控制人。总之，对人使用飞箝之术时，要先用赞扬、称颂手段去对付对方，使他昏昏然引我们为知己，对我们敞开心扉，然后利用对方弱点把对方牢牢控制住。最后，究察他的言辞，摸准他的心意。做到这些，我们就可以箝制对方，使他合纵，使他连横，使他向东，使他向西，使他向南，使他向北，使他一反旧策，使他恢复旧策，恢复了旧策还能再让他执行新策。无论怎样做，也脱离不了我们既定的准则。

忤 合 第 六

【提要】

忤，忤逆。合，趋合。或忤逆，或趋合，是一种辩证处世技术。本篇主要讲这种辩证处世技术的基本原理和策士们怎样运用这种处世技术去从事政治斗争。

忤合术的基本原理是"化转环属，各有形势。反覆相求，因事为制"。应在世间事物发展变化的连续过程中考察它的阶段性特点，瞅准时机，利用最佳时况去制定"成于事"的妙计，依附一位君主，去实现政治理想。

从实际情况出发制定决策，然后反复试探而后确定实施措施，是忤合之术的应用原则。只有做到像伊尹、吕尚那样明了天下政治情势，进行反复试探，离于此，合于彼；合于此，离于彼，察知天命所归，善于"背向"，才能做到"协四海，包诸侯"，为天下帝王师，做个不在位的"君王"。

【原文】

凡趋合倍反[1]，计有适合[2]。化转环属[3]，各有形势[4]。反覆相求，因事为制[5]。是以圣人居天地之间，立身御世[6]，施教扬声明名也[7]。必因事物之会[8]，观天时之宜，因之所多所少[9]，以此先知之，与之转化[10]。世无常贵[11]，事无常师。圣人无常与、无不与[12]，无所听、无不听。成于事而合于计谋[13]，与

之为主〔14〕。合于彼而离于此，计谋不两忠〔15〕。必有反
忤〔16〕：反于是，忤于彼；忤于此，反于彼，其术也。

【注释】

〔1〕趋合：快步凑上去迎合。趋，小跑。　　倍反：转过身返回来。
倍，通"背"。反，返回，"反"、"返"古今字。

〔2〕适合：适应现实而合于实情。

〔3〕化转环属：事物发展变化像圆环一样连接循环。属，连。

〔4〕形势：具体背景和现实状况。

〔5〕制：制事立计。高曰："四语极尽通篇意义。"

〔6〕御世：处世，处理政治事务。

〔7〕施教：实施教化，教化百姓。　　明名：显名。

〔8〕会：时机，机会。此指世间事物凑合到一起的时机。

〔9〕所多所少：此指对自己的相应决策进行损益。

〔10〕转化：尹曰："谓转变以从化也。"

〔11〕世无常贵：世上没有能保持永久富贵的人。此句包含了深刻的
辩证观点。

〔12〕常与：衡定参与。

〔13〕成于事：对事情有成效、能成功的计谋。　　合于计谋：指与
自己谋划暗合。

〔14〕与之为主：做它的主人。此指吸收别人决策中的合理因素。

〔15〕不两忠：不能两方面都效忠。

〔16〕反忤：合与背。

【译文】

凡是凑上前去迎合人，或者转过身来离开他，都必须有适合
当时情况的妙计。事物的发展变化，既像圆环一样循环连接，又
在每一发展阶段上有自己的特点和现实背景。作为纵横策士来说，
应该反复探求事物的连续性和独立性，抓住不同事物的特点，依
据不同的事实情况制定不同的决策。所以，圣智之人在天地之间
立身处世，教化百姓，传扬名声，必定依据事物聚散的不同时机，
抓准最适宜的天时，并依据它们损益、修改自己的决策，依据它

们发展变化，依据它们变化自己的策略方针。世上没有常贵之人，做事也并非必定要效法某某，（世上一切事物都在发展变化着。）圣人也不是每件具体事情都参与，但又可以说没有一件事不参与，（因为他为人们制定了解决问题的基本模式；）圣人看上去对什么事情都不打听，但又什么事情都明了，（因为他掌握了世间事物的基本规律。）我们明白了世间事物的变化原理和圣人的做法，因而对于那些可成大事而且与我们决策相合的君主，就可以代他主持国家大计。这些计谋，如果应和这个，必定背叛那个；背叛这个，必定应和那个，这就是反忤之术。

【原文】

用之于天下，必量天下而与之[1]；用之于国，必量国而与之；用之于家，必量家而与之；用之于身[2]，必量身材能气势而与之。大小进退[3]，其用一也[4]。必先谋虑计定[5]，而后行之以飞箝之术。古之善背向者[6]，乃协四海[7]，包诸侯[8]，忤合之而化转之[9]，然后以之求合[10]。故伊尹五就汤[11]，五就桀而不能有所明[12]，然后合于汤。吕尚三就文王[13]，三入殷而不能有所明[14]，然后合于文王。此知天命之箝[15]，故归之不疑也。

【注释】

〔1〕与：施予，实施。
〔2〕身：个人。
〔3〕大小：指上述天下、国、家、个人。
〔4〕一：基本规律一样。
〔5〕谋虑：谋划，思虑。
〔6〕背向：即忤合。背，背离，即忤。向，趋向，即合。
〔7〕协：合同。

〔8〕包：包举。

〔9〕忤合之：对他们使用忤合术。

〔10〕以之：用忤合术等。

〔11〕伊尹：商初名相，名挚。　汤：商朝开国君主。

〔12〕桀：夏末暴君，名履癸。　明：明于人，使别人知晓自己的能力而重用。

〔13〕吕尚：姜齐始祖。钓于渭水，遇文王，相语，文王大悦，拜为军师。是周代开国勋臣。　文王：姓姬名昌，周武王父，为武王灭商奠定了基础。

〔14〕入殷：指干殷纣王。

〔15〕天命之箝：天命所归。古人认为朝代兴衰是天意，天意归谁，谁便兴盛。

【译文】

　　把反忤之术应用于天下，必定衡量天下情况制定实施措施；把它应用到一个诸侯国，必定依据诸侯国的情况来制定实施措施；把它应用到大夫封地，必定衡量封地内的实际情况来制定实施措施；把它应用到一个人身上，必定衡量这个人的才智、能力、气度来制定实施措施。无论范围大小，不论有进攻之计还是退却之策，反忤术的应用都有一定的基本规律。必定先做好周密考虑，先制定好实施措施，再用飞箝术来作为补充手段。古代善于实施忤合之术的人，能够合同四海之内，包举天下诸侯，对他们实施忤合之术，并且依据实际情况变化、改换实施措施，然后用此术来求得合于明主。所以，伊尹曾经五次归附商汤，五次归附夏桀探天命所归，最终合于商汤而受重用；吕尚曾三次依附周文王，三次依附殷纣王探天命所归，最终合于周文王而拜为军师。他们最终都能认识到天命所归的明主，所以毫不迟疑地归附他们。

【原文】

　　非至圣达奥〔1〕，不能御世。非劳心苦思，不能原事〔2〕。不悉心见情〔3〕，不能成名。材质不惠〔4〕，不能用兵。忠实无真^[5]，不能知人。故忤合之道，己必自度材能知睿，量长短远近，孰不如^[6]，乃可以进，乃可以退，乃可以纵，乃可以横。

【注释】

〔1〕达奥：穷达隐曲事理。奥，隐奥。

〔2〕原：追溯，考镜渊源。

〔3〕悉心：用上全部精力。

〔4〕惠：俞樾曰："读为慧，古字通。"慧，聪颖。

〔5〕无：通"务"，上古音中，"无"为鱼母明纽，"务"为侯母明纽，而鱼母，侯母同为喉音，发音相近，顾炎武十部分类法将此二部同归为他的"第三部"。音近故二字可通。务，务必。

〔6〕孰：谁。

【译文】

作为纵横策士，不能像圣人那样穷尽世理、穷尽隐曲事物之理，就不能立身处世、治理天下。不能费尽心神地去思索，就不能究察事物本原。不能用尽心力去考察事物真情，就不能成就名业。个人才能气质不佳，颖悟聪慧不够，就不能筹划军事谋略。一味忠诚真心对人，就不能真正了解别人。所以，实施忤合之术，一定要估计一下自己的才能智慧，衡量一下自己的优长和短处，看哪些方面别人不如自己，这样，才可以入政，才可以退隐，才可以从事纵横捭阖的政治角逐。

揣　篇　第　七

【提要】

　　"揣篇"，《太平御览》卷四六二作"揣情篇"。揣情，即揣测人情，本篇特指揣测人主之情，主要讲揣测人主之情的方法和意义。

　　要想说动握有一国政治、经济、军事、生杀大权的君主，必须预先制定问题决策(即解决这位君主所面临问题的策略和措施)和游说决策(即游说这位君主的步骤、方法等)。要想制定行之有效的问题决策，必先明于此国国情和国际局势；要想实现游说决策，达到游说目的，就必须熟知这位君主的性格、脾气、心意、品行等。要想掌握一国国情和国际局势，就必须"量权"；要想熟知某君主的心性品行，就必须揣情。

　　量权，即对一国的经济实力、兵源情况、地理位置、人才有无、国际联盟、民心背向等进行调查研究。揣情，即选择有利时机，通过观察、询问、试探等手段，掌握君主的打算、意向等。

　　本篇所强调的"计国事则当审权量，说人主则当审揣情"这种解决问题的步骤和方法，为后人制定决策、处理问题提供了方法论借鉴。

【原文】

　　古之善用天下者[1]，必量天下之权而揣诸侯之情[2]。量权不审[3]，不知强弱轻重之称[4]。揣情不审，不知隐匿变化之动静[5]。

【注释】

〔1〕善用:善于使用。此指善于处理天下政治事件。

〔2〕量:衡量。　　权:此指政治情势变化。

〔3〕审:缜密谨慎。

〔4〕称:相当,相符。引申为与实际情况相符的信息。

〔5〕动静:此指动态信息。

【译文】

　　古代那些善于处理天下纠纷进而操纵天下局势的人,必定能准确地把握天下政治形势的变化,必定善于揣测诸侯国君主们的心性意向。如果不能缜密细致地把握天下政治形势的变化,就不知道哪个诸侯国真正强大,哪个诸侯国确实弱小;就不能真正了解哪个诸侯国在国际外交中举足轻重,哪个诸侯国处在无所谓的位置。如果不能准确地把握诸侯国君的心性意向,就不能真正掌握那些隐秘微暗的信息和瞬息万变的世情。

【原文】

　　何谓量权?曰:度于小大〔1〕,谋于众寡〔2〕;称货财有无之数〔3〕;料人民多少〔4〕,饶乏、有余、不足几何〔5〕;辨地形之险易,孰利孰害;谋虑孰长孰短;揆君臣之亲疏〔6〕,孰贤孰不肖;与宾客之智慧〔7〕,孰少孰多;观天时之祸福,孰吉孰凶;诸侯之交〔8〕,孰用孰不用〔9〕;百姓之心,去就变化,孰安孰危,孰好孰憎,反侧孰辩〔10〕。能知此者,是谓量权。

【注释】

〔1〕小大:指国土。

〔2〕众寡:指国民。

〔3〕称:此指衡量。

〔4〕料:估算。　　人民多少:古时征兵按户出兵,人民多即兵员

多，反之则少。

〔5〕饶乏、有余、不足几何：指民众财力情况。

〔6〕揆(kuí 奎)：推测揣度。

〔7〕宾客：此指门客。战国时期的政治家，争相养门客以备用。

〔8〕交：交际，引为联盟。

〔9〕用：可用，危难相济。

〔10〕反侧：反过来覆过去。指民心背向。 辩：通便。《史记·五帝本纪》："便程东作。"《索隐》引《尚书大传》曰："辩秩东作。"便，此指对哪方有利。

【译文】

什么叫量权？就是说，要衡量国土的大小，要考虑国民的多少；要衡量国家经济实力强弱；要估算国民户数有多少，他们的财力、贫富情况怎样；要考察一国的地理形势，利于自己固守还是利于敌方进攻；考察某个国家是否有真正的善谋之士；要推断某个国家中君臣关系怎样，君主是否英明，臣子是否贤能；要推断某个国家客卿、门客中有多少智识之士；要观测天时对哪方有利，对哪方有害；要考察诸侯间的结盟关系，是否真能危难相济；要考察民心向背，是否能笼络住民心，百姓爱谁恨谁，民心的变化对谁有利。能知道这些，才叫作能把握天下政治形势的变化。

【原文】

揣情者，必以其甚喜之时[1]，往而极其欲也[2]，其有欲也，不能隐其情；必以其甚惧之时，往而极其恶也[3]，其有恶也，不能隐其情，情欲必出其变[4]。感动而不知其变者[5]，乃且错其人[6]，勿与语，而更问其所亲[7]。知其所安[8]。夫情变于内者，形见于外[9]，故常必以其见者而知其隐者，此所谓测深揣情[10]。

【注释】

　　〔1〕其：此指人主。
　　〔2〕极：尽，尽力使其欲望全部倾吐出。
　　〔3〕恶：厌恶、害怕之事。
　　〔4〕变：此指变态。
　　〔5〕感动：感情变动，即上述"甚喜"、"甚惧"。
　　〔6〕错：放开。
　　〔7〕其所亲：他的亲近人。
　　〔8〕安：此指心意所在。
　　〔9〕见：现。"见"、"现"古今字。
　　〔10〕测深：探测内心深处。

【译文】

　　揣情的时机，必定要选择人主极端高兴、喜悦的时候，这时前去，极力引导他尽情吐露自己的欲望。在他吐露欲望的时候，我们就能探测到他的真情。或者选择在人主十分恐惧的时候，这时前去，极力引导他倾吐出厌恶、害怕之事。在他倾吐这些真心话的时候，我们就能探测到他的真实情怀。真心情意必定是在他的情感发生极端变化的时候不自觉地表现出来。若碰到那种在情感发生极端变化时也不表露真情的人，就暂且丢开他，不要与他交谈，而另去询问他所亲近的人，了解他的意图所在。内心感情发生剧烈变化，一般是会通过人的外在形貌表现出来的。所以，通常情况下，我们都是依据对方外在举止行貌的变化去揣测他内在隐藏的真情实意，这就叫作探测人的内心深处而揣度人的情意。

【原文】

　　故计国事则当审权量〔1〕，说人主则当审揣情。谋虑情欲〔2〕，必出于此。乃可贵，乃可贱；乃可重，乃可轻；乃可利，乃可害；乃可成，乃可败，其数一也〔3〕。故虽有先王之道〔4〕，圣智之谋，非揣情，隐匿无所索之〔5〕。此谋之本而说之法也〔6〕。常有事于人〔7〕，人莫能先^[8]。先事而生^[9]，此最难为。故曰：揣情最难守司^[10]，言必时其谋虑^[11]。故观蜎飞蠕动^[12]，无不有利害，可以生事^[13]。变生事者，几之势也^[14]。此揣情饰言^[15]，成文章而后论之也^[16]。

【注释】

〔1〕计：合计、筹划。

〔2〕谋虑：计谋打算。

〔3〕数：方法、对策。

〔4〕先王之道：古代贤王的治理经验。

〔5〕索：寻求。

〔6〕本：根本。

〔7〕有事：指策划、实施行动。

〔8〕先：指先于自己的策划和行动而察觉。

〔9〕生：指预测揣情，获得信息。

〔10〕守司：把握。

〔11〕时：窥伺，暗中审察。

〔12〕蜎（yuān 冤）飞蠕动：蚊子飞行，虫子爬动。蜎，孑孓，此指蚊子。蠕，绦虫、蛔虫等动物。

〔13〕生事：发生事端。此指有目的的行动。

〔14〕几之势：事端刚起时的形势。几，几微，引申为事物初起。

〔15〕饰言：修饰言辞。

〔16〕文章：文采。此指言辞富于条理，有煽动性。

【译文】

所以说，那些筹措国家大事、进行政治斗争的人应当审察形势，掌握信息，而那些游说人主的人则应当注重揣度人主的心意欲望，了解人主的心性品行。可以说，决策措施的筹划也好，人主真情的探测也好，都是出于这种揣情术。（掌握了这种技术，）就可以富贵，可以取高位，可以获利益，可以得成功；（不能掌握这种技术，）就可能贫贱，可能不被重用，可能受祸害，可能失败。其关键所在，就看能否掌握这种揣情术。因此说，即使有古代贤王的治世经验，有圣智之士的周密策划，如果没有揣情之术，便不能真正懂得这些经验的奥秘，就不能有效地实施这些策划。揣情术真是谋略的基础，是游说的法宝啊！常常是这样，就要在某个人身上发生重大变故了，但这个人并不能预先测知。在事情发生前便能测知将要发生的事件进程，这是最难做到的。所以说，揣情术的精髓是最难把握的，我们必须学会从对方的言辞中窥探他的决策和策略。你看那蚊子的飞动和虫子的蠕动，无一不是为利害所驱使，无一不是趋利避害的有目的的行为。能在变化中掌握主动权的人，都善于把握事物初起时的形势而拨动之。这就要求我们掌握揣情术，善于修饰言辞，使说辞有条理、有煽动性，而后再采取有目的的行动，达到我们的政治目的。

摩 篇 第 八

【提要】

"摩篇",《太平御览》卷四六二作"摩意篇"。摩,即琢磨。意,即臆测。摩意,即对揣情所获取的信息进行分析、辨别、剔除、归类、整理、排绎,从而把握对方心理、嗜欲、意图、决策等的心理预测术。摩意是揣情的接续步骤。

本篇首先从揣情与摩意的关系入手,论述了摩意的基本特征和对于"成事"的至关重要的作用。在此基础上,本篇又讲述了摩意的种种手法和技术,论证了摩意的基本原理。

《鬼谷子》强调的摩意,在先秦预测术发展史上具有重要意义。它使预测技术的发展重点,从搜集政治、经济、军事等外在信息进行分析预测扩展到对中心决策人物的内在心态等进行分析预测。这是战国时期人文思潮出现带来的重人观念和重人事人为思想发展的结果。后代面相术士奉鬼谷先生为祖师,也主要是因为这个原因。

【原文】

摩者,揣之术也。内符者[1],揣之主也[2]。用之有道[3],其道必隐[4]。微摩之[5],以其所欲测而探之,内符必应。其所应也,必有为之[6]。故微而去之,是谓塞窌匿端[7]。隐貌逃情而人不知,故能成其事而无患[8]。摩之在此,符应在彼[9]。从而用之,事无不可。

古之善摩者[10]，如操钩而临深渊，饵而投之[11]，必得鱼焉。故曰：主事日成而人不知[12]，主兵日胜而人不畏也。圣人谋之于阴[13]，故曰神[14]；成之于阳[15]，故曰明[16]。所谓主事日成者，积德也[17]，而民安之，不知其所以利；积善也[18]，而民道之[19]，不知其所以然，而天下比之神明也。主兵日胜者，常战于不争[20]，国不费[21]，而民不知所以服，不知所以畏，而天下比之神明。

【注释】

〔1〕内符：符于内，即某些外在事物现象必有决策者的内在心理原因。

〔2〕主：主旨。

〔3〕道：此指基本规律，一定的准则。

〔4〕隐：隐暗，暗中行事。

〔5〕微：微暗，暗地里。

〔6〕为之：此指表面的行为。

〔7〕塞窌(jiào 叫)匿端：堵起洞口，藏起事头。此指把自己摩意的手法和目的隐藏起来，琢磨透了别人还不让别人察觉。窌，方形地窖。

〔8〕患：祸害。

〔9〕符应：符合响应。此指由于我们的摩意而发觉的对方的相应外在表现。

〔10〕古之善摩者：古代善摩善意者不乏记载，《吕氏春秋·重言》载齐人东郭牙善意，以齐桓公和管仲的表情和行动预测齐将伐莒。

〔11〕饵：把鱼饵别在鱼钩上。

〔12〕主事：此指主持国家经济、政治大事。

〔13〕阴：暗中，背地里。

〔14〕神：尹曰："若神道之不测。"

〔15〕阳：公开。

〔16〕明：尹曰："功成事遂，焕然彰著。"

〔17〕积德：积累德行。此指对民众有好处的德政措施一个接一个。

〔18〕积善：积累善事。此指"战于不争"，消弭战祸。疑此句与下句应在下文"主兵日胜者"后。

〔19〕道之：顺着这条路走。

〔20〕战于不争：尹曰："善战者，绝祸于心胸，禁邪于未萌，故以不争为战。"即用计谋权术消弭战祸。

〔21〕国不费：尹曰："师旅不起，故国用不费。"指不用战争开支。

【译文】

　　摩意，是与揣情紧密相连的一种预测术。寻绎、琢磨那些外在表象的内在心理原因，是揣情的主要目的。摩意术在使用时要遵循一条基本原则，就是必须在暗中行事，不被人察觉。暗地里对人实施摩意术，顺着对方的欲望去探测他的内心世界，导致某些表象的内在心理因素必会表露出来，为我们所掌握。他的这种表露，必然有外在的表象行为。（我们掌握了外在信息和内在心理之后，）就要藏起这种摩意术，以免被对方察觉，这就是所谓的堵起洞口，藏起事头。人们不知道我们对他实施摩意术并且已经从外到内都掌握了他，故对我们无所戒备，我们就可以在毫无阻力的情况下达到目的而且不留后遗症。我们在这里对他实施摩意术，他在那里必然有所反应而被我们掌握心意欲望等内在心理因素。我们把察得的这些信息运用到决策中，使用到行动中，所以就没有办不成的事情。古代那些擅长使用摩意术的人，就像渔翁拿着钓竿到深渊边去，别上鱼饵投下钓钩，必然钓上鱼来一样（定能把握对方）。所以说，（掌握了摩意术）而主持国家政治、经济大事，就会一天比一天取得更大的成效而不被人察觉；主持国家军政大事，就会一天比一天取得更大的胜利而不被人发觉故而不畏惧我们。圣智之人谋划决策在暗中，所以称作"神"；成事在明处，所以叫作"明"。所谓主持政治、经济大事一天比一天取得成效，就是积累德政，让人民安于德政环境中，日以为常而不知为什么获取了利益和好处；（所谓主持军政大事一天比一天取得胜利，）就是积累善行，而人民便顺从我们造就的这条道路天天走下去，却并不知道长久处在这种和平安定环境中的原因。因此，天下人才把这样的圣智之士称作"神明"。所谓主持军政大事一天比一天取得胜利，是说经常把战争消灭在未萌芽状态，使国家不用花费战争开支，使人民不知不觉地顺服、不知不觉地畏惧还不知道为什么顺服、为什么畏惧，因此，天下人就把使用摩意术的圣智之士称作"神明"。

【原文】

其摩者，有以平[1]，有以正，有以喜，有以怒，有以名，有以行，有以廉，有以信，有以利，有以卑[2]。平者，静也[3]。正者，宜也[4]。喜者，悦也[5]。怒者，动也[6]。名者，发也[7]。行者，成也。廉者，洁也[8]。信者，期也[9]。利者，求也[10]。卑者，谄也[11]。故圣人所独用者，众人皆有之[12]，然无成功者，其用之非也[13]。故谋莫难于周密，说莫难于悉听[14]，事莫难于必成。此三者，唯圣人然后能任之。故谋必欲周密，必择其所与通者说也[15]。故曰：或结而无隙也[16]。夫事成必合于数[17]，故曰：道数与时相偶者也[18]。说听必合于情[19]，故曰：情合者听。故物归类[20]，抱薪趋火[21]，燥者先然[22]；平地注水，湿者先濡[23]。此物类相应[24]，于势譬犹是也[25]。此言内符之应外摩也如是。故曰：摩之以其类[26]，焉有不相应者？乃摩之以其欲，焉有不听者？故曰独行之道[27]。夫几者不晚[28]，成而不拘[29]，久而化成[30]。

【注释】

〔1〕平：平和。此指用平和态度对待摩意者。
〔2〕卑：卑下。此指用卑下谄媚的态度对待摩意者。尹曰："凡此十者，皆摩之所由发。言人之材性参差，事务变化，故摩者亦消息盈虚，

因几而动之。"

〔3〕静：此指以静为特征。

〔4〕宜：适宜，相宜。此指中正平和。

〔5〕悦：喜悦。此指沾沾自喜。

〔6〕动：动怒。

〔7〕发：扬，张扬。

〔8〕洁：洁身自好。

〔9〕期：与人相约。此指承诺必行。

〔10〕求：贪求。

〔11〕诌：诌谀。

〔12〕故圣人……有之：意谓圣智之士使用的手法，都是取之于众人，从众人身上总结出来的。

〔13〕用之非：用之非其道，没用到点子上。

〔14〕悉听：全听。此指全被接受。

〔15〕通者：相通的人。此指感情相通、智谋层次相近的人。

〔16〕结而无隙：此指二人合计的决策没有间隙。

〔17〕数：通"术"。术，此指权术。

〔18〕时：天时，时机。

〔19〕说听：让人听从你的游说。

〔20〕归类：以类相从。

〔21〕趋：小跑。此指扔向（火中）。

〔22〕然：燃烧。"然"、"燃"古今字。

〔23〕濡：沾湿，浸湿。

〔24〕物类相应：同类事、物互相应和。

〔25〕势：形势，势态。此指摩意的局势。

〔26〕摩之以其类：此指用相同的感情，设身处地去琢磨别人。

〔27〕独行之道：策士们独自掌握的秘术。即上所言"圣人所独用"者。

〔28〕几：时机。"几"、"机"古今字。此指善于掌握时机。

〔29〕拘：拘持。此指居功为己有。

〔30〕化成：尹曰："化天下。"按：此指达到政治目的。

【译文】

那些被摩意的人，有的用平和的态度对待我们，有的用正直的态度对待我们，有的表现出喜悦之色，有的勃然大怒，有的让我们觉得他很重名声，有的让我们觉得他重视实行，有的让我们觉得他很廉正，有的让我们觉得他守信用，有的让我们察觉到他贪图利益，有的表现得卑下谦恭。（应该明白，）平和的人做事外静而内深思。正直的人做事往往中正平和。易喜之人，悦功易足，往往满于现状。易怒之人，性情火暴易动怒，做事多草率。重名之人，喜欢搞形式，以光大自己的名声。重行之人，埋头苦干，期于必成，往往忽视借用别人力量。廉正之人，洁身自好，做事时注重开脱自己。重信之人，一诺千金，做事多无诡诈。贪利之人，追求小利，易被收买。卑下小人，诡谀奸诈，做事反复无常。上述手法，都是圣智之士十分明了并暗中使用的手段，都是从众人身上吸取总结而来的，但众人运用这些手段却难以奏效，是因为他们不像圣人那样能用到点子上，该用什么手段就用什么手段。所以说，谋划决策最难的是周密无隙，游说别人最难的是让别人完全听从自己的意见，做事最难的是一定要成功。这三种境界，只有那些掌握了摩意等权术的圣人们才能够达到。所以说，要使计谋周密，一定要选择那些智谋水准与自己相近的人一起谋划，这就叫作双方互补而做出了没有漏洞的决策；做事要想成功，一定要运用权术，这就叫作基本原理、权术与时机三者相合而成事；游说时想要让别人完全听从你的意见，就要揣摩准别人的情意，这就叫作两情相合别人必定听从。故而人们常说，抱起柴草扔进火中，干的先着；平地浇上水，湿的地方先把水吸引过去，这就是物类相应的原理，我们运用摩意术时也是这样，想让别人的内心情意应和你的摩意而表现出来，你也要保持与他同样的感情和表情。所以说，用以类相从的态度去摩意，哪有对方不应和的情况？顺从他的心意去琢磨他、游说他，哪有不听从的呢？这就是我们策士们的秘术。（掌握了这种秘术，）善抓时机，成事无所谓早晚。功成事就而不自持自喜，久而久之我们定能实现自己的政治追求。

权 篇 第 九

【提要】

　　权，即权宜、权变。善于权宜局势、随机应变地设置说辞、辩辞，正是《鬼谷子》强调的游说术的核心。本篇主要论述游说技术。

　　作者首先从"说"、"饰言"、"应对"、"成义"、"难言"等说辩中的五种不同情况入手，论述了"佞言"、"谀言"、"平言"、"戚言"、"静（诤）言"等五种说辞的设辞要求和预期目的。进而论述了口、耳、目等器官在说辩中的作用和如何发挥它们的优长去克敌制胜。最后，作者讲述了说辩中的"病言"、"恐言"、"忧言"、"怒言"、"喜言"等五种忌辞，主张依据游说对象的不同才智、性格设置不同的说辞和辩辞，采用不同的游说方法。

　　班固曾论："从（纵）横家者流，盖出于行人之官。孔子曰：'诵《诗》三百，使于四方，不能专对，虽多亦奚以为？'又曰：'使乎，使乎！'言其当权事制宜，受命而不受辞，此其所长也。及邪人为之，则上（尚）诈谖而弃其信。"（《汉书·艺文志》）他交代了纵横说士们的源出和行人之官的看家本领——"当权事制宜，受命而不受辞"，即随机应变，随机变辞。本篇所论述的，正是纵横策士们继承行人之官权量局势、随机变辞手段的具体运用。

【原文】

　　说者，说之也；说之者，资之也[1]。饰言者[2]，假之也[3]；假之者，益损也[4]。应对者[5]，利辞也[6]；

利辞者，轻论也[7]。成义者[8]，明之也[9]；明之者，符验也[10]。言或反覆，欲相却也[11]。难言者[12]，却论也[13]；却论者，钓几也[14]。佞言者谄而干忠[15]，谀言者博而干智[16]，平言者决而干勇[17]，戚言者权而干信[18]，静言者反而干胜[19]。先意承欲者[20]，谄也。繁称文辞者[21]，博也。纵舍不疑者[22]，决也。策选进谋者[23]，权也。他分不足以窒非者[24]，反也。

【注释】

〔1〕资：尹曰："取也。"此指借助。

〔2〕饰言：修饰言辞。

〔3〕假：借。

〔4〕益损：增减。

〔5〕应对：回答别人提问和诘难。

〔6〕利辞：便利之辞。

〔7〕轻论：简洁明快的论说。

〔8〕成义：申抒一种主张。

〔9〕明之：使对方明了。

〔10〕符验：用事例验证说明。

〔11〕却：使对方疑虑打消。却，退。

〔12〕难言：诘难之言。

〔13〕却论：反驳对方言论。

〔14〕钓几：善于把握时机。"几"、"机"古今字。

〔15〕佞言：谄佞之言。 干：求，博取。

〔16〕谀言：阿谀奉迎之言。

〔17〕平言：成事之言。平，《尔雅·释诂》："成也。"

〔18〕戚言：亲近之言。

〔19〕静言：诤谏之言。"静""诤"古通，《尚书·大诰》："民不静。"《汉书·翟方进传》引王莽《大诰》作"民亦不诤"。

〔20〕意：胸臆，此指别人心愿。

〔21〕繁：繁富。

〔22〕纵舍：前进和止息。纵，深入。

〔23〕策选进谋：帮人主分析进献计谋的优劣。

〔24〕他分不足：对方的缺陷。　　窒非：扼住对方的缺点、弱点不放。

【译文】

　　游说，就是说服别人。说服别人，必须借助充分事例。文饰说辞辩辞，必须借助于例证。借助例证时，必须有所取舍增减。回答对方疑问和诘难，必须让便利的辞句脱口而出。便利的辞句，就是简洁明快的言辞，申说主张的言辞，是为了使对方明了我们的本意。要让对方明了我们的本意，必须用事例来验证说明。言辞或有反复使用的情况，都是为了让对方打消疑虑。诘难的言辞，是为了驳倒对方的言论。想要驳倒对方，必须善于掌握反诘的时机。（这是说辩的一般常识。下面我们再来谈说辞。）设置诤佞的说辞，要预先知道对方的难题，出谋划策解决这些难题，是为了博取忠心耿耿的名声。设置阿谀奉迎的说辞，要博采事例来论证对方决策的可行性，因而博取智慧的美名。成就事业即论证自己的主张可行的说辞，必须果敢气壮，让对方觉得我们大勇善断而信服。套近乎的说辞，要善于替对方权衡各种决策的优劣，以取信于对方。诤谏的说辞，要敢于、善于反驳对方，博取胜利。摸准了对方的心愿顺着对方的欲望去游说，就是诤佞。博采事例来做充分论证，就是博征。进退果断，该说则说，该止则止，就是决断。替对方分析各方进献的策略，就是权衡。抓住对方的说辩缺陷而攻击对方言辞中的不足，就是善于反击。

【原文】

　　故口者，机关也，所以开闭情意也[1]。耳目者，心之佐助也[2]，所以窥䁵奸邪[3]。故曰：参调而应[4]，利道而动[5]。故繁言而不乱[6]，翱翔而不迷[7]，变易而不危者[8]，睹要得理[9]。故无目者不可示以五色[10]，无耳者不可告以五音[11]。故不可以往者[12]，无所开之也[13]；不可以来者[14]，无所受之也[15]。物有不通者[16]，圣人故不事也。古人有言曰：口可以食，不可以言，言有讳忌也[17]。众口烁金[18]，言有曲故也[19]。人之情，出言则欲听[20]，举事则欲成。是故智者不用其所短[21]，而用愚人之所长；不用其所拙[22]，而用愚人之所工[23]，故不困也[24]。言其有利者[25]，从其所长也。言其有害者[26]，避其所短也。故介虫之捍也[27]，必以坚厚[28]。螫虫之动也[29]，必以毒螫。故禽兽知用其长，而谈者亦知其用而用也[30]。

【注释】

〔1〕开闭情意：表达或控制心情和真意。

〔2〕心：古人以心代指大脑。

〔3〕睍(jiàn 剑)：窥视。

〔4〕参调而应：此指口、耳、目三种器官互相配合，协同工作。"参"、"叁"古通。

〔5〕利道：向有利于自己的方面引导。"道"、"导"（導）古通，《尚书·禹贡》："沲潜既道。"《文选·江赋》李注引"道"作"导"。

〔6〕繁言：繁称言辞，用各种言辞从各方面论说。

〔7〕翱翔：飞鸟盘旋。此指说辞中忽东忽西，各方论说。

〔8〕变易：多次改换说辞。　危：俞樾曰："读为诡。……言变易而不诡谲也。"

〔9〕睹要得理：观测中抓住了要点，说辩中掌握了法则。

〔10〕五色：青、赤、白、黑、黄五种颜色。此泛指外界事物。

〔11〕五音：宫、商、角、徵、羽五种音阶。此泛指声音。

〔12〕不可以往：不值得前去（游说）。

〔13〕开：开启，开导。

〔14〕不可以来：不值得到那里（游说）。

〔15〕受：接受。

〔16〕通：通达，通窍。

〔17〕讳忌：避讳。

〔18〕众口铄金：语出《国语·周语下》："故谚曰：'众心成城，众口铄金。'"韦注："铄，销也。众口所毁，虽金石犹可消之也。"指舆论威力大。

〔19〕曲故：私曲之故。曲，此指传说中改变原内容。

〔20〕欲听：想要让人听从。

〔21〕其所短：他自己的短处。

〔22〕拙：不擅长的一面。

〔23〕工：精巧。

〔24〕困：穷窘。　是故智者……故不困也：杨曰："用愚人之所长，故悦；用愚人之所工，故通。反用之则必拂其情而我乃穷。"

〔25〕言其有利：讨论怎样对自己有利。

〔26〕害：此指避害。

〔27〕介虫：有甲壳的动物。介，甲。　捍：卫。

〔28〕坚厚：此指厚甲壳。

〔29〕螫（shì 世）虫：有毒蜇的动物。螫，蜇。

〔30〕知其用：知道自己可以发挥的长处。

【译文】

　　所以说，嘴是一个机关，是用来倾吐和遮蔽内心情意的。耳朵和眼睛，是大脑思维的辅助器官，是用来窥探、发现奸邪事物的。因此说：应该把这三者调动起来，互相配合，相互应和，以引导说辩局势朝着利于自己的方面发展。我们繁称言辞但思路不乱，一会儿东一会儿西地说辩而不失主旨，变换说辩手段但并非诡谲难知，都是因为充分发挥了口、耳、眼的作用。使它们相互配合，因而在揣测中抓住了对方问题的要害，在说辩中掌握了既定原则的缘故。所以说，没有眼睛的人没法让他看到外界事物，没有耳朵的人没法让他听到外界声音。像这样的人主，不值得我们前去游说，所以无法开导他们；像这样的不值得我们到那里游说他的人主，他们也无法接受我们的意见。像这般不能通窍的人和事，就是那些圣智之士也不去打主意。（除此之外，都可以用我们的嘴把他说动。）所以古人常说：嘴可以用来吃饭，不能用来乱说，说话就会触犯忌讳。众口一辞，可以把金子般坚固的事物说破，是因为说话中有邪曲的缘故。(言辞的威力多么大啊!)人之常情，说出话来希望别人听从，做一件事就盼望能够成功。(我们想要游说成功，就要学会借用别人的力量。)聪明人不用自己的短处，而去利用愚蠢者的长处；不用自己不擅长的地方，而去利用愚蠢者的技巧之处，所以做起事来永远顺利。我们常讨论怎样做对自己有利，就是要发挥自己的长处；讨论怎样才能避害，就是要避开自己的短处。那些有甲壳的动物保护自己，一定是用自己坚厚的甲壳；那些有毒螫的动物进攻别人，一定是发挥自己的毒螫的威力。禽兽都知道利用自己的长处，我们游说策士更应该懂得如何利用自己的优长了。

【原文】

故曰辞言有五[1]：曰病，曰恐，曰忧，曰怒，曰喜。病者感衰气而不神也[2]，恐者肠绝而无主也[3]，忧者闭塞而不泄也[4]，怒者妄动而不治也[5]，喜者宣散而无要也[6]。此五者，精则用之[7]，利则行之[8]。故与智者言依于博[9]，与博者言依于辨[10]，与辨者言依于要[11]，与贵者言依于势[12]，与富者言依于高[13]，与贫者言依于利，与贱者言依于谦，与勇者言依于敢[14]，与愚者言依于锐[15]，此其术也。而人常反之。是故与智者言，将以此明之[16]。与不智者言，将以此教之，而甚难为也。故言多类[17]，事多变。故终日言不失其类[18]，而事不乱[19]。终日不变而不失其主[20]，故智贵不忘[21]。听贵聪，智贵明，辞贵奇。

【注释】

〔1〕辞言：不被接受之言。辞，古通"辤"。辤。却也。

〔2〕病者……神也：尹曰："病者恍惚，故气衰而言不神也。"

〔3〕恐者……主也：尹曰："恐者内动，故肠绝而言无主也。"肠绝，形容极端害怕。

〔4〕闭塞：此指情思不通。　　泄：此指畅达。

〔5〕治：此指有条理。

〔6〕要：要点。

〔7〕精：精通。

〔8〕利：有利。

〔9〕博：渊博，博闻多识。

〔10〕辨：辨同异而条理化。

〔11〕要：要领。

〔12〕势：气势，势态。

〔13〕高：通"豪"，《邓析子》即作"豪"。豪，豪气。富者骄人，故以豪气待之。

〔14〕敢：果敢。

〔15〕锐：锐利。此指一竿子插到底，明言利害。

〔16〕明之：使他明白，启发他。

〔17〕类：类别。

〔18〕不失其类：不偏离某类言辞的原则。

〔19〕事不乱：论事有条不紊。

〔20〕主：主旨，主题。

〔21〕忘：遗忘。

【译文】

　　所以说，说辩中的忌辞有五种，即病言、恐言、忧言、怒言、喜言。病言，就像病人气力不足那样没有神气。恐言，就像人害怕得断了肠子那样没有主见。忧言，就像人愁思不通那样不畅达。怒言，就像人怒火攻心胡撞乱动那样没有条理。喜言，就像人得意忘形不知所为那样没有要点。这五种言辞，只有精通它的妙用的人在特定场合才可以使用它，才可以发挥它的特殊作用而利于己方。一般说来，游说有智识的人要靠博识多见的言辞，游说博闻多见的人要靠条理明辨的言辞，游说明辨事理的人要依靠言辞中要点明确，游说高贵的人要依靠言辞中有气势，游说富人要靠我们谈话时豪气冲天，游说贫穷的人要靠言辞中以利引诱，游说

低贱的人要靠我们谈话时态度谦恭，游说勇士要靠我们谈话时表
情果敢，游说愚蠢的人要靠我们把利害讲得明明白白。这就是游
说之术。但是，人们常常反其道而行之。他们跟聪明人交谈时，
就用这些技术去启发他；跟愚蠢者谈话时却用这些技术去教导他，
这就很难达到游说目的了。由上论可见，说辞辩辞有多种类型，
事端也在瞬息万变。整日说辩但偏离不了各种言辞的原则，议论
事件就会有条不紊。终日这样说辩又偏离不了主题，这就是掌握
了说辩术的智识之士。耳朵听事在于聪明，头脑思考在于明辨，
说辞辩辞在于新奇。

谋 篇 第 十

【提要】

　　战国时代，是一个争于力的时代，是一个争于计的时代。处在这一时代的每一家都热衷于社会政治斗争和军事斗争的诸子流派，都曾讨论过计谋的策划和运用，《鬼谷子》也不例外。本篇便主要论述计谋的产生、使用及其特点。

　　本篇在论述中，始终贯彻着一条实事求是的思想主线。计谋的产生必须依据现实情况，从实际出发，从人情出发。计谋的运用要考虑两种现实情况：一是作为用计对象即对方的实际情况，一是作为用计主体即自己的实际情况。只有遵循从实际出发的原则，才能制定出克敌制胜的嘉谋良策。只有依据从实际出发的原则，才能在用计中博取胜利。另外，作者还认为，计谋的特点是阴，是隐，"圣人之制道，在隐与匿"。定计也好，用计也好，都要加强保密原则。

【原文】

　　凡谋有道[1]，必得其所因[2]，以求其情。审得其情，乃立三仪[3]。三仪者，曰上，曰中，曰下。参以立焉[4]，以生奇[5]。奇不知其所壅[6]。始于古之所从[7]。故郑人之取玉也，必载司南之车[8]，为其不惑也。夫度材量能揣情者，亦事之"司南"也。故同情而相亲者[9]，其俱成者也[10]；同欲而相疏者，其偏成者也。

同恶而相亲者[11]，其俱害者也[12]；同恶而相疏者，其偏害者也。故相益则亲[13]，相损则疏，其数一也[14]。此所以察异同之分[15]，其类一也[16]。故墙坏于有隙，木毁于有节[17]，斯盖其分也[18]。故变生事[19]，事生谋，谋生计，计生议[20]，议生说，说生进，进生退，退生制[21]，因以制于事。故百事一道，而百度一数也[22]。

【注释】

〔1〕道：原则，规律。

〔2〕所因：所缘发，产生的原因。

〔3〕三仪：三种境界。仪，法度，标准。

〔4〕参：参照，参验。

〔5〕奇：奇计。

〔6〕壅：壅塞，阻挡。

〔7〕始于古之所从：遵从古人就开始使用的方法。

〔8〕司南之车：古人用磁石指南原理制成的确定方位的仪器。《韩非子·有度》曰："故先王立司南以端朝夕。"是先秦时已有此仪器。

〔9〕同情：感情、欲望相同。

〔10〕俱成：共同成功。

〔11〕恶：厌恶，设法避开。

〔12〕俱害：同受害。

〔13〕相益：共同得利。益，加。

〔14〕数：规则，道理。

〔15〕分：分别，区分。

〔16〕类：类别，分类的标准。

〔17〕节：节疤。

〔18〕分(fèn 愤)：职分，名分，引申为自身规律，固有准则。

〔19〕变：变化，运动。

〔20〕议：议论，讨论。

〔21〕制：控制，制世策略。

〔22〕度：节度，规则。

【译文】

　　凡是谋划策略，都要遵循一定的规则，即首先要追寻所面临问题的起因，进而探求事物发展过程特别是现在的各种情况。掌握了这些情况，才可以制定三种策略。所谓三种策略，就是上策、中策、下策。将这三种策略互相参验，互补互取，就能产生解决这一问题的良策奇谋。真正的良策奇谋是无所阻挡、无往而不胜的。这种设计奇谋的方法并非我们的创造，是古人就曾实施过的。郑国人到山里去采玉石，必定带着指方向的司南车，是为了不迷失方向。忖度称量实施计谋之人的才干能力，掌握各种相关因素，抓第一手材料，也是因事立计的"指南车"。（立计中还要注意人的因素，）情欲相同的人做事之后能够仍旧保持亲密关系，是因为他们都取得了成功，都获取了利益；情欲相同而事后却关系疏远了的人们，是因为他们中只有一方取得了成功，获取了利益。同想避免某种结局而事后仍能保持亲密关系的人们，是因为他们同样受到伤害，同样遭受损失；同想避免某种结局但事后关系疏远了的人们，是因为他们中只有一方受到了伤害，遭受了损失。所以，共同获取利益就能保持亲密关系，使一方遭受损失必然导致疏远，任何事情的道理都是这样。用这种道理去考察人们的相亲相疏，其原因必定也是如此。所以说，墙体崩坏都是从缝隙开始的，木材断折都是从节疤开始的，这大概就是所说的自然规律吧！（所以在策划计谋时要考虑内部各方面的利益，调动各方面的积极性。）要知道，新事物、新情况，都是旧事物的发展变化产生出来的。为解决新情况、新问题才产生了谋略。由谋略再产生出实施计划。实施计划一定要交给大家讨论、议论，听取各方意见，考虑各方利益。讨论、议论中必定产生新的说法、新的计划。综合新旧计划，制定进退有节、回旋有余的实施措施，去处理问题，去解决问题。任何事情的处理方式都是这样，任何计谋的产生程式都是如此。

【原文】

　　夫仁人轻货[1]，不可诱以利，可使出费[2]；勇士轻难[3]，不可惧以患[4]，可使据危[5]；智者达于数[6]，明于理，不可欺以不诚，可示以道理，可使立功：是三才也[7]。故愚者易蔽也，不肖者易惧也，贪者易诱也，是因事而裁之[8]。故为强者，积于弱也；为直者，积于曲也[9]；有余者，积于不足也，此其道术行也[10]。故外亲而内疏者说内，内亲而外疏者说外[11]。故因其疑以变之，因其见以然之[12]，因其说以要之[13]，因其势以成之，因其恶以权之[14]，因其患以斥之[15]。摩而恐之[16]，高而动之，微而证之[17]，符而应之[18]，壅而塞之[19]，乱而惑之[20]，是谓计谋。

【注释】

〔1〕货：财物。

〔2〕费：费用，策士游说经费。

〔3〕难：患难，祸事。

〔4〕患：祸患，忧患。

〔5〕危：危难之地。

〔6〕数：机数，权术。

〔7〕三才：三种人才。指上述仁人、勇士、智者。

〔8〕裁：制裁，处理。

〔9〕为直者，积于曲也：尹曰："大直若曲，故积曲可以为直。"

〔10〕此其道术行也：这就是上面所说的计谋的运用。

〔11〕故外亲……说外：尹曰："外阳（佯）相亲而内实疏者说内，以除其内疏也；内实相亲而外阳（佯）疏者说外，以除其外疏也。"

〔12〕然：承认，附和。

〔13〕要：抽绎出要点。

〔14〕恶(wù 务)：厌恶。　　权：权变，变通。

〔15〕斥：除，除去，舍弃。

〔16〕恐：恫吓。

〔17〕微：微暗。

〔18〕符：内符，由外在表象推测出的内心想法。

〔19〕壅：壅闭。

〔20〕惑：迷惑。

【译文】

　　仁德君子视财物如粪土，所以不可以用钱财去引诱他，但可以让他为我们提供经费。勇敢的斗士不畏惧祸难，所以不可以用灾患去吓唬他，倒可以让他担当危险的责任。智识之人通达机数，明于大道，不可以用欺骗的手段对待他，倒可以用大道理来晓喻他，让他为我们做事。这是可以利用的三种人才。相反，愚蠢者可以用欺骗手段蒙蔽他，不肖之徒可以用恐吓手段威胁他，贪婪者可以用金钱去利诱他，应该因人因事而使用不同手段。弱者善用权术、善借人力就可以变为强者，隐曲的手法用熟练了可以让人看作是直率手段，积累不足可以变为有余，这就是计谋权术的运用。（由此而论及游说，）游说对象外表上与我们亲善而内心却相当疏远，我们就应当运用计谋去打动他的内心。游说对象内心赞同我们而外表上装作冷淡，我们就应当运用权术去做表面工作。（要使内外俱亲，）就要依据对方的疑点改变我们的计谋，依据对方所见所闻肯定某些东西，依据对方的言谈总结出实施要点，依据对方势力强弱去成就事业，依据对方的好恶改变我们的计谋，依据对方的忧惧舍弃决策中的某些部分。（这样做取得宠信之后，就要设法控制对方。）琢磨透他的心意去恐吓他，分析形势的高危使他震动，把他微暗中的活动摆在光天化日之下，由外表推测出他内心的想法而设计相应的对策对付他，隔绝他的视听，闭塞他的耳目，打乱他的思维，迷惑他的理智，（进而完全控制他，）这就是所说的计谋。

【原文】

　　计谋之用，公不如私[1]，私不如结[2]，结比而无隙者也[3]。正不如奇[4]，奇流而不止者也[5]。故说人主者，必与之言奇[6]。说人臣者，必与之言私[7]。其身内其言外者疏[8]，其身外其言深者危[9]。无以人之所不欲而强之于人[10]，无以人之所不知而教之于人[11]。人之有好也[12]，学而顺之。人之有恶也，避而讳之[13]。故阴道而阳取之[14]。故去之者从之[15]，从之者乘之[16]。貌者不美又不恶，故至情托焉[17]。

【注释】
〔1〕私：私室，引申为私下里。
〔2〕结：结盟，指二人计议。
〔3〕计谋……者也：尹曰："公者扬于王庭，名为聚讼，莫执其咎，其事难成。私者不出门庭，缜密无失，其功可立，故曰公不如私。虽复潜谋，不如与彼要结，二人同心，物莫之间，欲求其隙，其可得乎？"结比，结盟。比，并。
〔4〕奇：尹曰："奇者反经合义（宜），因事机发。"即适合解决这一问题的出人意料的计谋。
〔5〕奇流而不止：奇计一用，像流水那般难以被对方阻止。
〔6〕言奇：讨论治国奇计。
〔7〕言私：讨论切身利益。
〔8〕其身内其言外者疏：尹曰："身在内而言外泄者必见疏也。"见疏，被疏远。
〔9〕其身外其言深者危：尹曰："身居外而言深切者必见危也。"见危，遭受危难。
〔10〕强：强加。
〔11〕教：教导，告诉。
〔12〕好：喜欲，嗜欲。
〔13〕讳：讳忌，避讳。
〔14〕故阴道而阳取之：尹曰："学顺人之所好，避讳人之所恶，但阴自为之。非彼所逆，彼必感悦，明言以报之，故曰阴道而阳取之也。"
〔15〕去之：使之去，让他离开。 从之：放纵他。"从"、"纵"古今字。
〔16〕从之者乘之：尹曰："将欲去之，必先听从，令极其过恶。过恶即极，便可以法乘之，故曰从之者乘之也。"乘，驾驭，制服。
〔17〕貌者……托焉：我们的外貌要表现得中正平和，让别人交心与我们，依靠我们。

【译文】

策划、实施计谋时，在大庭广众之下谋划不如在私室中谋划，在私室中不如二人结盟谋划，结成巩固的联盟别人就无机可乘了。还应注意，正计不如奇计。奇计，对手无法预测，实施起来就像流水一般，使对手无法阻挡。游说人主时，要注意与他谋划这样的奇计。但游说人臣时，首先申说的是他个人的切身利益。你身在某一决策圈内，却把机密、计谋泄露到圈外去，必定被疏远。你身在某决策圈外，却过多地议论决策圈内的事，必定会有危险降临到你头上。你不要把别人不想做的事、不想解决的问题，强加在别人头上，去游说他做这事、解决这问题。你也不要把别人不可理解的道理去告诉他，开导他。别人有什么嗜欲，你就学习它，顺着去做。别人有讨厌的事，你就极力避开，极力避讳。这就叫作暗地里使手段而公开获取利益。想要排斥某个人，先放纵他，让他作恶至极，然后顺理成章地除掉他。你自己要经常装出中正平和、不善不恶的表情，这样别人就敢把真心交给你，把他自己托付给你了，（这些都是使用计谋时应该注意的事项。）

【原文】

可知者，可用也；不可知者，谋者所不用也。故曰：事贵制人[1]，而不贵见制于人。制人者，握权也[2]；见制于人者，制命也[3]。故圣人之道阴[4]，愚大之道阳[5]。智者事易[6]，而不智者事难[7]。以此观之，亡不可以为存[8]，而危不可以为安。然而无为而贵智矣[9]。智用于众人之所不能知，用于众人之所不能见。既用，见可[10]，择事而为之，所以自为也[11]；见不可，择事而为之，所以为人也[12]，故先王之道阴。言有之曰：天地之化[13]，在高与深；圣人之道，在隐与匿[14]。非独忠信仁义也，中正而已矣[15]。道理达于此之义，则可与语。由能得此[16]，则可以毂远近之诱[17]。

【注释】

〔1〕制人：控制别人。

〔2〕握权：掌握了权变的主动权。

〔3〕制命：此指被控制了命运。

〔4〕阴：此指隐暗不露。

〔5〕阳：公开做事。

〔6〕事易：做事容易。

〔7〕事难：做事难。

〔8〕不可以为存：不能够设法让它存在。

〔9〕无为：此指无为而处世。智者道阴，暗中用计，表面无为。

〔10〕见可：看到可以（进行）。

〔11〕自为：自己做。

〔12〕为人：让人去做。

〔13〕化：化生（万物）。

〔14〕隐与匿：隐藏不露。

〔15〕中正：中正平和，不过分加害于人。

〔16〕由能得此：尹曰："若能得此道之义。"

〔17〕觳：俞樾曰："当读为觳。"《尔雅·释诂》："觳，尽也。"

【译文】

能够了解、掌握的人，才可以使用他。不能了解、掌握的人，善于谋划的人是不用他们的。所以说，做事贵在控制别人，而千万不可被人控制。控制住别人，你就掌握了权变的主动权。被别人控制，你的命运就掌握在别人手中了。由此而论，圣智之人做事总是暗中用手脚，愚蠢的人才在明处咋咋呼呼。因而圣智之人做起事来就容易，愚蠢的人做起事来就难。由此可见，那些愚人做的注定要灭亡的事物是无法挽回失败而让它继续存在的，他们造成的危急局势也无法使之转危为安。圣智之人做事表面上好似没有什么道道，实际上暗中早已使足了智谋。用智，就要用在一般人不能知道的地方，就要用到一般人看不到的地方。运用计谋时，看到可以成功，就选取一些事自己去做；看到不能成功，就选取一些事让别人去做。所以说圣智之人都是暗用手段。常言道：天地化生万物，是因为天高莫测，地厚莫及；圣智之人处世的诀窍，就在于他们隐藏不露的手段。圣智之人处世绝不被忠信仁义等戒条束缚手脚，只不过做事不要太过分罢了。能够明白这种道理的人，策士们才值得与他议事。能够掌握这种道理的人，策士们才可以和他设计各种计谋。

决篇第十一

【提要】

决，即决断，亦即决策。决疑断难，是游说策士们的重要任务之一，也是游说策士们所应具备的主要技能之一。

本篇主要讨论决断事物的有关问题。作者认为，利害问题是决断委托者是否接受你的决断的重要依据，所以，趋利避害是策士们决疑断难所应遵循的主要原则。其次，作者提出了决断的方法应"度之往事，验之来事，参之平素"，为后人的科学决策提供了重要的方法论指导。最后，作者指出了决断的意义："夫决情定疑，万事之基，以正乱治。"

本篇虽然简短，却是先秦时期第一篇专门讨论决策的文章，在我国古代决策史上具有重要地位。

【原文】

凡决物[1]，必托于疑者[2]。喜其用福[3]，恶其有患[4]。善至于诱也[5]，终无惑偏[6]。有利焉，去其利则不受也[7]，奇之所托[8]。若有利，于善者隐托于恶[9]，则不受矣，致疏远。故其有使失利者，有使离害者[10]，此事之失。

【注释】

〔1〕决物：决断事物。

〔2〕疑者：此指决疑者。

〔3〕喜其用福：以其用有福为善，喜欢你做出的决策给他带来好处。

〔4〕恶：厌恶，讨厌。

〔5〕诱：诱导对方透露出真情。

〔6〕惑偏：迷惑和偏颇。

〔7〕不受：指决疑的委托者不接受你的决策。

〔8〕奇之所托：以所托为奇，奇怪当时为什么找你决疑。

〔9〕于善者隐托于恶：把使他喜欢的决策暗中寄托在使他厌恶的形式中，即所做决策实质上对他有利而表面上对他有害。

〔10〕离：通"罹"，遭受。"离"、"罹"古通，《尚书·洪范》："不罹于咎。"《史记·宋微子世家》作"不离于咎"。

【译文】

　　大凡决断事物，必定委托给善于决疑者。人们喜欢做出的决断给他带来好处，讨厌给他带来害处。因此，决疑者要善于诱导对方，使他讲出自己的真实心愿和一切情况，以消除我们的迷惑和偏见，做出令他满意的决策。决策必须给对方带来利益，否则，没有这种利益他就不会接受我们的决策，就会后悔当初委托我们来决策。另外，做出的决策确实能给他带来好处，但你若把这种利益隐藏在对他不利的表面形式中，他也不会接受你的决策，并会因此而疏远你。所以说，替人决策时，若这种决策不会给对方带来利益，甚至会使对方遭受损害，就是一种失误的决策。

【原文】

　　圣人所以能成其事者有五：有以阳德之者〔1〕，有以阴贼之者〔2〕，有以信诚之者〔3〕，有以蔽匿之者〔4〕，有以平素之者〔5〕。阳励于一言〔6〕，阴励于二言〔7〕，平素、枢机以用四者〔8〕，微而施之〔9〕。于是度之往事〔10〕，验之来事〔11〕，参之平素〔12〕，可则决之。王公大人之事也，危而美名者〔13〕，可则决之。不用费力而易成者，可则决之。用力犯勤苦[14]，然不得已而为之者，可则决之。去患者[15]，可则决之。从福者，可则决之。

【注释】
〔1〕以阳德之：用表面手段去感化，去怀柔。
〔2〕以阴贼之：用阴暗手段去残害。
〔3〕以信诚之：用信用去与对方结成真诚联盟。
〔4〕以蔽匿之：用假言蒙蔽对方。蔽，蒙蔽，此指虚假情况。匿，藏，引申为蒙蔽、迷惑。
〔5〕以平素之：用平常手段按一般化的程式解决问题。
〔6〕阳励于一言：阳德手段以始终如一为追求目标。励，尹曰："勉也。"引申为追求的目标。一言，一种言论，此指言行前后一致。
〔7〕阴励于二言：阴贼手段以真真假假为特征。二言，两种言论，此指前后言行不一，真假难辨。
〔8〕平素：平时，平常。　　枢机：关键，引申为特殊手段。
〔9〕微：暗中。
〔10〕度(duó 夺)：推度，度量。　　往事：历史。
〔11〕来事：将来，未来之事。此指事物的发展前景。
〔12〕参：参验。　　平素：平常。此指目前情况、形势。
〔13〕危而美名：虽然危险，但可以用来博取美好名声。
〔14〕犯勤苦：做出艰苦努力。犯，触犯，劳用。
〔15〕去：除去，除掉。

【译文】
　　圣智之人成就事情的手段有五种：有的用表面手段感化、怀柔，有的暗使手段加害对方，有的作出诚信的姿态与对方结成真诚的联盟而借用对方力量，有的用蒙蔽手段迷惑对方，有的却用一般化的手段按平常程式解决问题。使用"阳德"手段时要前后如一，要讲信誉。使用"阴贼"手段时却要真真假假，令人摸不透我们的真意。平常手段再加上关键时刻运用的"信诚"、"蔽匿"手段和阴、阳两手，这四种手段在暗地里交互运用(一般问题都可解决。)解决问题时，要参验历史，参验将来，参验现今，若可实施，就做出决断。王公大人的事情，虽然有危险因素，但我们可以用来博取美名的，若可实施，就做出决断。不用耗费大的气力精力就容易获得成功的，若可实施，就做出决断。用精力气力太大，需要做出艰苦努力，但又非做不可的，若可实施，就做出决断。能除去祸患，若可实施，就做出决断。能带来福利，若可实施，就做出决断。

【原文】

故夫决情定疑，万事之基[1]，以正乱治，决成败难为者。故先王乃用蓍龟者[2]，以自决也。

【注释】

〔1〕基：根基，基础，此指解决问题的起点。
〔2〕蓍龟：蓍草和龟卜。蓍，多年生草本植物，古人用其茎占卜，称作蓍草之筮。

【译文】

所以，决情定疑，是任何问题的解决起点。用它可以来整顿朝纲、治理百姓，可以来决定成败、断决疑难。所以，自古王侯们就用蓍草筮和龟甲卜来自己决疑断难。

符言第十二

【提要】

符，是自先秦时就开始使用的传达命令、调遣兵将的信物，上边多刻有文字。符言，即传达给君王的格言。本篇即讲君王应该具备的权术。

作者提出，君主应"安徐正静"，令臣子莫测高深；应善于调动臣属的积极性，去明察天下情；应广纳臣子之言，增强他们的参与意识；应赏罚分明，赏罚有据；应广问博闻，广采众议；应依法制臣，放权给臣；应注意保密，谨防泄密；应暗中参察臣僚，"洞天下奸"；应循名责实，定期考稽群官。

战国中后期，僭乱之事已屡见不鲜、习以为常。君臣关系，不过是互相利用的雇佣关系，即田鲔所说的"主卖官爵，臣卖智力"（《韩非子·外储说右下》）。臣子事君，不过是"佣徒鬻卖之道"（《荀子·议兵》）。所以，此时的战国诸子中，多有讨论御臣术者。博取了宠信的纵横策士们，不但要做君主之臣，还要做君主之师。所以，以教授战国策士纵横游说术为己任的《鬼谷子》便在本篇中为君主设计了一套用臣权术，以备策士们教导君主之用。

【原文】

安徐正静[1]，柔节先定[2]，善静而不与[3]，虚心平意以待倾损[4]。右主位[5]。

【注释】

〔1〕徐：徐缓，沉住气。　　正：正色。

〔2〕柔节：此指有弹性的问题和原则问题。柔，柔软，引申为有弹性。节，节点，引申为原则。

〔3〕与：给与，参与。

〔4〕倾损：倒运失败。倾，倒毁。

〔5〕右：以上。古人自右向左竖写，故综括以上内容时言"右"。

主位：主位术，指某人居某某位置时应有的容态。

【译文】

安定从容，正色详静，胸有成竹，可通融问题和原则问题分得清。善于居位静观，不缠身于具体事务，不过多指手画脚，心平气静坐待桀骜之臣自己倒霉失败。以上是主位权术。

【原文】

目贵明，耳贵聪，心贵智[1]。以天下之目视者[2]，则无不见；以天下之耳听者，则无不闻；以天下之心虑者，则无不知。辐辏并进[3]，则明不可塞[4]。右主明。

【注释】

〔1〕智：智慧。此指产生智谋。

〔2〕以天下之目视：用天下人的眼睛去看。此指善于调动大家的积极性去观察。

〔3〕辐辏并进：此指集中众人之力。辐辏，亦作"辐凑"，指车辐集中于车轴。

〔4〕明：此指圣明。

【译文】

眼睛要的是明亮，耳朵要的是灵敏，心灵要的是有智慧。若能利用天下人的眼睛去观察，就没有看不到的事物；若能利用天下人的耳朵去探听，就没有听不到的事情；若能利用天下人的心智去思考，就没有想不通的事情。若能像车辐集中于车轴那样集中起众人的力量，君主的圣明就没有什么能够遮蔽了，以上是主明权术。

【原文】

听之术曰，无望而拒之[1]。许之，则防守[2]；拒之，则闭塞[3]。高山仰之，可极[4]；深渊度之，可测[5]。神明之听术正静[6]，其莫之极。右主听。

【注释】

〔1〕无望而拒之：不要看到别人（进谏）就拒绝。意为广纳众议。无，通"勿"。
〔2〕防守：此指增加我方守卫力量。
〔3〕闭塞：此指妨害视听。
〔4〕高山仰之，可极：意谓博听众议可至高山之巅。
〔5〕深渊度之，可测：意谓博采众议可达深渊之底。
〔6〕正静：严正详静。

【译文】

主听权术的关键，是广采众论，不拒绝任何意见。允许别人提意见，就会增强对方的参与意识，众心成城，增强我方力量；反之，拒绝别人提意见，就闭塞了自己的视听。若能博听众论，只可仰视而不可到顶的高山也能逾越；广采众议，无底的深渊也可测到它的底。神明般的主听之术，在于以严正详静的容色对待众人意见。这样，就没有人能比得上我们。以上是主听权术。

【原文】

用赏贵信[1]，用刑贵正[2]。赏赐贵信，必验耳目之所闻见。其所不闻见者，莫不暗化矣[3]。诚畅于天下、神明^[4]，而况奸者干君？右主赏。

【注释】
〔1〕用赏贵信：尹曰："赏信则立功之士致命捐生。"信，信用。
〔2〕用刑贵正：尹曰："刑正则受戮之士没齿无怨。"正，平正，正当。
〔3〕暗化：暗自感化而不敢冒功邀赏。
〔4〕诚：诚信，信用。畅：畅达。　神明：此指幽暗之处。

【译文】
　　奖赏臣民贵在恪守信用，惩处下属则贵在公正合理。赏赐贵信，就是说要赏赐某人某事，必将其功绩查验确实。这样一来，那些无法查验的事端，当事人也会自动地如实报告了。君主确实能把这种诚信畅达于天下和幽暗难查之处，（就会赏罚得当，明清如水，）更何况那些干求君主的奸邪之徒，（哪能查不出呢！）以上是主赏权术。

【原文】
　　一曰天之^[1]，二曰地之，三曰人之。四方上下，左右前后，荧惑之处安在^[2]？右主问。

【注释】
〔1〕一曰天之：意指调查天道天时。
〔2〕荧惑：受人迷惑。

【译文】
　　调查天时、天道，调查地时、地利，调查人世、社会。东西南北，上方下方，左右前后都问遍，哪里还会有受人迷惑的地方呢？以上是主问权术。

【原文】

心为九窍之治[1]，君为五官之长[2]。为善者，君与之赏；为非者，君与之罚。君因其所以求[3]，因与之，则不劳[4]。圣人用之，故能赏之[5]。因之循理[6]，固能久长[7]。右主因[8]。

【注释】

〔1〕九窍：耳、目、鼻各两窍，口、前阴、肛门各一窍，共九窍。此泛指身体器官。　　治：统治，职掌。

〔2〕五官：《礼记·曲礼》曰："天子之五官，曰司徒、司马、司空、司士、司寇，典司五众。"此泛指文武百官。

〔3〕因：循顺，依据。

〔4〕劳：劳顿，劳苦。此指缠身于事务中。

〔5〕赏：疑为"掌"之形讹。掌，职掌，此指掌握（百官）。

〔6〕循理：遵循一定规矩和一定法式。

〔7〕固：秦恩复曰："一本作'故'，《邓析子》亦作'故'。'故'、'固'古字通。"

〔8〕因：因循，因臣之所求而驱使之。

【译文】

心是身体各部器官的主宰，君主是文武百官的长官。对于那些做了好事的臣属，君主就赏赐他们；对于那些做了坏事的臣属，君主就惩罚他们。君主依据臣属求官求禄的心欲要求使用他们，让他们立功，而后满足他们的要求，赐以官爵禄位，所以自己就不会身陷于具体事务中。圣明的君主运用这种权术，所以能掌握百官。根据他们的要求封赏时必须依据一定的法度，所以能够维持长久统治。以上是主因权术。

【原文】

人主不可不周[1]。人主不周，则群臣生乱。寂乎其无端也^[2]，内外不通^[3]，安知所开^[4]？开闭不善^[5]，不见原也^[6]。右主周。

【注释】

〔1〕周：周密。此指加强保密措施。

〔2〕寂乎：寂然平静。指不露声色。　　无端：别人摸不到头绪。

〔3〕内外：宫内宫外。

〔4〕开：开泄密之门。

〔5〕善：得其法。

〔6〕原：源头。"原"、"源"古今字。

【译文】

君主做事不可不注意保密。君主做事不能加强保密措施，群臣就会发生动乱。君主做事前应该寂然平静，让圈外人摸不到头绪，圈内圈外不能沟通消息，机密还能从哪里泄露？保密措施和故意放风不得要领，泄露了机密还不知从哪儿泄露的。以上是主周权术。

【原文】

一曰长目^[1]，二曰飞耳^[2]，三曰树明^[3]。明知千里之外、隐微之中^[4]，是谓洞天下奸^[5]。莫不暗变^[6]。右主参^[7]。

【注释】

〔1〕长目：千里眼。此指在远处安插耳目。

〔2〕飞耳：顺风耳。此指建立特殊通讯渠道，飞传边臣消息。

〔3〕树明：建立使隐暗处小动作明于光天化日之下的制度，指建立举报制度。树，建。

〔4〕隐微：暗处，背地里。

〔5〕洞：洞察，明察。

〔6〕暗变：暗中收敛、顺从。

〔7〕参：检验，弹劾。

【译文】

（君主用臣还要采取三种措施，）一是设置千里眼，二是设置顺风耳，即在边远地区安插耳目，监视边官，并设置特殊的通讯渠道飞速传递消息。三是建立举报制度使近臣的小动作公开出来。这样，边官外臣的一举一动，内官近臣的暗中动作便在君主的掌握之中了，这就叫作洞察天下奸情。这样一来，内臣外臣都会小心翼翼，收起不轨想法。以上是主参权术。

【原文】

循名而为实〔1〕，按实而定名。名实相生〔2〕，反相为情〔3〕。故曰：名当则生于实〔4〕，实生于理〔5〕，理生于名实之德〔6〕，德生于和〔7〕，和生于当。右主名〔8〕。

【注释】

〔1〕循：顺，依照。

〔2〕相生：相互化生，相依相存。

〔3〕反相：反复循环。戴望《管子(九守)校正》引丁士涵云："'反'，读为'还反'之'反'。《说文》：'还，复也。''反相为情'，犹《礼记》言'还相为宫'耳。"《礼记·礼运》"还相为宫"，郑玄注："更相为宫。"孔颖达疏："还回迭相为宫也。"

〔4〕当：适当，恰当。

〔5〕理：道理。此指对事物的正确认识。

〔6〕德：通"得"。得，相得，相当。

〔7〕和：吻合。

〔8〕名：此指循名责实、按官查职的用臣术。

【译文】

依据客观事物的名称去考察事物实际，按客观事物的实际确定事物名称。名称是从实际中派生的，客观实际产生出事物名称。二者互相循环，互为表里，这本是事物常情。所以说，适当的名称产生于客观事物实际，对于客观事物实际的把握取决于人们对客观事物的正确认识，对于客观事物取得正确认识的标示，是对客观事物作出了符合实际的表述。这种对客观事物的实际的表述，取决于我们的认识与客观事物吻合。这种认识与实际的吻合，取决于我们运用了恰当的方法。以上是主名权术。

转丸第十三(亡)

胠篋第十四（亡）

卷下

本经阴符七术

【提要】

本经，尹知章曰："由本以经末，故曰本经。"阴符，尹知章曰："私志于内，物应于外，若合符契，故曰阴符。"本经阴符七术，即养练自己的智识，调动自身因素，运用自身力量去解决外部问题的七种权术。本篇由七节短文组成，每节论述一个问题，具有相对独立性。但七节文字之间又存在着内在的逻辑联系，共同组成一个不可分割的整体。

本篇先论述基本理论，次讲述权术运用。萧登福说："前面的'盛神'、'养志'、'实意'三篇，旨在说明如何去充实意志，涵养精神。后半的'分威'、'散势'、'转圆'、'损兑'诸篇，是告诉我们如何将内在的精神运用于外，如何以内在的精神去处理外在的事物。"

第一节文字"盛神法五龙"讲述如何养神以通窍。主张合道以炼神，神旺而窍通。从而使精神饱满，思维敏捷，反应迅速，为自如地运用权术打下基础。

第二节文字"养志法灵龟"讲述如何养志以蓄威。主张养志在心专，心专在节欲。节欲养志，使精神专注，威势猛烈，以制服对手。

第三节文字"实意法螣蛇"讲述如何实意以储存信息。主张获取大量信息，使意念充实，使大道充盈于胸，以在游说中应对裕如。

第四节文字"分威法伏熊"讲述如何分敌之威、增己之威。主张"静固志意，神归其舍"以增己之威，"以实取虚，以有取无"去威慑对手，"审于唱和，以间见间"以免让对手抓住把柄。照此去做，则敌威可分，己威可增。

第五节文字"散势法鸷鸟"讲述怎样散敌之势，扭转局势。要善抓对方漏洞，"待间而动"，善于"思间"、"查间"，寻找对方漏洞，发起猛攻，以散敌之势。

第六节文字"转圆法猛兽"讲述怎样才能像转动圆体那样使计谋快速产生。主张学圣人"原不测之智"，熟知各类计谋特点，明知天道人事，以掌握转圆技巧，生"无穷之计"。

第七节文字"损兑法灵蓍"讲述怎样损兑言辞，随机变辞。主张在游说中把握事态发展，变动事物发展趋向而损兑言辞，实现游说目的。

纵横策士们只要照此去做，通过盛神、养志、实意等内养和分威、散势、转圆、损兑等外练，便可以掌握进行合纵连横活动所必需的决策能力、说辩技巧、制人方法等权术，为从事社会政治斗争打下基础。

【原文】

　　盛神法五龙[1]。盛神者，中有五气[2]，神为之长，心为舍，德为之大[3]。养神之所归诸道[4]。道者，天地之始，一其纪也[5]。物之所造，天之所生，包宏无形[6]，化气，先天地而成。莫见其形，莫知其名，谓之神灵。故道者，神明之源，一其化端[7]。是以德养五气[8]，心能得一[9]，乃有其术[10]。术者，心气之道所由舍者[11]，神乃为之使[12]。九窍十二舍者[13]，气之门户[14]，心之总摄也[15]。生受于天，谓之真人[16]。真人者，与天为一。内修练而知之[17]，谓之圣人。圣人者，以类知之[18]。故人与一生[19]，出与物化[20]，知类在窍[21]。有所疑惑，通于心术[22]。心无其术，必有不通。其通也，五气得养，务在舍神，此谓之化[23]。化有五气者，志也，思也，神也，德也，神其一长也。静和者养气[24]。气得其和，四者不衰[25]，四边威势无不为存而舍之[26]，是谓神化。归于身，谓之真人。真人者，同天而合道，执一而养产万类[27]，怀天心[28]，施德养[29]，无为以包志虑思意[30]，而行威势者也[31]。士者通达之，神盛乃能养志。

【注释】

〔1〕盛神法五龙：尹曰："五龙，五行之龙也。龙则变化无穷，神则阴阳不测，故盛神之道法五龙也。"

〔2〕中：体中。 五气：尹曰："五脏之气也，谓精、神、魂、魄、志也。"

〔3〕德为之大：尹曰："德能制御（神气），故为之大。"

〔4〕归诸道：归之于道。即言合道乃可养神。

〔5〕一其纪也：是一的纲纪。道家言"道生一"，故道为一之纲纪。一，指元气，混沌之气。

〔6〕宏：廓大。

〔7〕一其化端：意谓道是世上万物化生的统一本源。一，统一，一致。

〔8〕德：俞樾曰："'德'、'得'古通。"得。能够。

〔9〕一：指由道所生的元气。

〔10〕术：外在技术。

〔11〕道：通"导"。导，导出，生发。

〔12〕使：使者，此指心气与术间的使者。

〔13〕十二舍：即中医所谓十二脏。先秦医家以心、肺、肝、胆、膻中、脾、胃、大肠、小肠、肾、三焦、膀胱为十二官，称十二脏（见《素问·灵兰秘典论》）。

〔14〕门户：通道。

〔15〕总摄：统领，制约。

〔16〕真人：与自然合一之人。《庄子·天下》称关尹、老聃为"古

之博大真人"，《文子》曰"得天地之道"者为真人。

〔17〕内修练而知之：通过后天修养训练而得知种种权术。

〔18〕以类知之：用类例法遍知权术。

〔19〕人与一生：人与元气并生。

〔20〕出与物化：出世后随从万物一起变化。

〔21〕窍：即上言之九窍。

〔22〕通于心术：在思维器官和感觉器官间（即心与术间）传递（疑惑）。

〔23〕化：转化。

〔24〕静和：安静祥和。

〔25〕四者：尹曰："谓志、思、神、德也。"

〔26〕四边威势：此指外界环境。

〔27〕执一：抱守元气。

〔28〕天心：生养万物之心。天主生。

〔29〕德养：以德养化万物。地主养。

〔30〕无为以包志虑思意：不专注于权术而权术自生。

〔31〕行威势：控制外界事物，制约外部环境。

【译文】

　　欲使精神旺盛就应该仿效五行之龙。何谓盛神？体中有精、神、魂、魄、志等五脏之气，神气居于首要位置，心是神的居所，德是神气的制约。养神的途径，应是让心与大道合一。道，先于天地而存在，是混沌元气的原生物。万物的化育，天地的化生，都是由道来完成的。它恢宏无形，化养五气，先天地而生。没人见过它的形容，没人知道它的姓名，所以把它视为神灵。其实，道是神灵的本源，是世上万事万物的母体。所以，能够养颐五气的人，心才能获取元气，才能产生种种外在权术。权术，是心气外在扩散的外部表现形式，神是心气与权术的传导者。口鼻目耳等九窍和心肝肺等十二脏，是心气外散的通道，它们的功能反过来又制约着心。生来就具备种种权术的人，叫作真人。真人能与天地万物融为一体。通过内在修养训练而懂得权术的人，叫作圣人。圣人是通过类例方法而知权术的。就一般人言，他们是与元气并生的，出世后随万物变化而变化。他们懂得权术，是靠了感

官的学习。有了疑惑，靠心志思考和感官外察来解决。心志离开
了感官，疑惑便不能通解。若要疑惑通释，就必须养颐五脏之气，
特别是让神气归于心舍，这就是由惑到知的转化。在转化过程中
也产生五气，即志、思、神、德等，其中神气是统领。神情安静
祥和就能养气。养气得以调和，志、思、神、德就不会衰退，那
么外界局势就会被我们控制、掌握，这就叫作神灵般的转化。掌
握这种神灵般转化手段的，就被称为真人。真人能与天地合同为
一，抱守元气而育化万物万类，上怀苍天生物之心，下怀大地养
物之德，并非专注于志、虑、思、意诸权术而诸权术自生，四周
局势自然被控制。纵横策士通晓了这番道理，就能盛神，神盛之
后才能养志。

【原文】

　　养志法灵龟[1]。养志者，心气之思不达也。有所
欲，志存而思之。志者，欲之使也[2]，欲多则心散，心
散则志衰，志衰则思不达也[3]。故心气一则欲不徨[4]，
欲不徨则志意不衰，志意不衰则思理达矣[5]。理达则和
通，和通则乱气不烦于胸中[6]。故内以养志，外以知
人。养志则心通矣，知人则职分明矣[7]。将欲用之于
人，必先知其养志，知人气盛衰[8]，而养其志气，察其
所安[9]，以知其所能。志不养，则心气不固。心气不
固，则思虑不达。思虑不达，则志意不实[10]。志意不
实，则应对不猛[11]。应对不猛，则志失而心气虚。志
失而心气虚，则丧其神矣。神丧则仿佛[12]。仿佛则参
会不一[13]。养志之始，务在安己[14]。己安则志意实
坚。志意实坚则威势不分[15]，神明常固守，乃能
分之[16]。

【注释】

〔1〕养志法灵龟：灵龟不食不动，木然无欲。养志务在节欲，故曰养志法灵龟。

〔2〕使：使者，受驱使。

〔3〕欲多……达也：尹曰："此明纵欲者不能养志，故所思不达也。"

〔4〕不徨：无从顾及。"徨"，"遑"古通，《楚辞·九思》："遽偟遑兮驱林泽。"《补注》："偟遑，《集韵》作'徨徨'。"遑，闲暇。

〔5〕故心气……达矣：尹曰："此明寡欲者能养其志，故思理达矣。"

〔6〕烦：纠缠，烦扰。

〔7〕职分明：职责、责任分明。此指知人善任。

〔8〕人气：人的元气、脏气。

〔9〕安：此指目的所在。

〔10〕志意不实：志不坚，意气不充实。

〔11〕应对不猛：应变能力不强，不能对紧急情况作出迅速反应。

〔12〕仿佛：心意彷徨，精神恍惚。

〔13〕参会不一：指志、心、神三者不能协调配合。

〔14〕安己：使自己心安神静。

〔15〕威势：精神气势。

〔16〕分之：即分人之威势。

【译文】

涵养志意要效法木然无欲的灵龟。之所以要涵养志意，是因为心神思虑不畅达的缘故。当人有欲求时，就一心一意地思虑这种欲求。所以说，志意是受欲求驱使的。欲望过多，就会心神涣散。心神涣散，志意就会衰退。志意衰退，思虑就不畅达。所以说，心神专一，欲求就无从顾及。欲求无从顾及，志意就不会衰退。志意不衰退，思路就会畅通无阻。思虑畅通就会脏气和通。脏气和通了，乱气就不会在胸中烦扰了。所以，在内涵养志意，在外就会明知他人。养志，就能心气通达；知人，就会善任善用。想要使用某人，必须先知道他能否养志，了解他元气、脏气的盛衰，观察他的心志如何，考察他的理想所在，了解他的才能大小。若不养志，心气就不稳固。心气不稳固，思路就不畅达。思路不畅达，志意就不坚实。志意不坚实，应变能力就不强。应变能力不强，就会志气丧失而心气虚竭。志气丧失，心气虚竭，神气就会荡然无存。神气丧失必然精神恍惚。精神恍惚，心、神、志三者就不能协调行动。涵养志意，务必从安己去欲开始。自己安定了，志意就会坚实。志意坚实了，自己的声威气势就不会减弱，神气就固守于胸中，就可以分散别人的威势了。

【原文】

实意法螣蛇[1]。实意者，气之虑也[2]。心欲安静，虑欲深远。心安静则神策生[3]，虑深远则计谋成。神策生则志不可乱，计谋成则功不可间[4]。意虑定则心遂安[5]，心遂安则所得不错[6]，神自得矣。得则凝[7]。识气寄[8]，奸邪得而倚之[9]，诈谋得而惑之，言无由心矣[10]。故信心术[11]，守真一而不化[12]。待人意虑之交会，听之候也[13]。计谋者，存亡之枢机[14]。虑不会，则听不审矣。候之不得，计谋失矣。则意无所信[15]，虚而无实。故计谋之虑[16]，务在实意。实意必从心术始。无为而求，安静五脏[17]，和通六腑[18]，精神魂魄，固守不动，乃能内视反听[19]，定志虑，之太虚[20]，待神往来。以观天地开辟[21]，知万物所造化，见阴阳之终始，原人事之政理，不出户而知天下[22]，不窥牖而见天道[23]。不见而命[24]，不行而至，是谓道知[25]，以通神明，应于无方[26]，而神宿矣。

【注释】

〔1〕实意法螣蛇：螣蛇游雾，无处不在，故充实意念要效法螣蛇。

〔2〕实意者，气之虑也：尹曰：“意实则气平，气平则虑审，故曰实意者，气之虑也。”

〔3〕神策：奇谋佳策。

〔4〕间：离间，干犯，阻止。

〔5〕遂：顺。

〔6〕错：乱。

〔7〕凝：凝结。此指（神气）专注。

〔8〕识气：智识、心气。

〔9〕倚：靠，依附。

〔10〕言无由心：未经思虑脱口而出。

〔11〕信：信守。

〔12〕真一：人的天然本性。

〔13〕候：时机，最佳境界。

〔14〕枢机：关键。

〔15〕意无所信：意念中没有让人信任的东西，指信息不真实，计谋不周全。

〔16〕虑：此指谋划。

〔17〕五脏：心、肝、脾、肺、肾。此指五脏之气。

〔18〕六腑：指胃、胆、三焦、膀胱、大肠、小肠。此指六腑之气。

〔19〕内视：古代养生家以为通过意念可以自己窥见自己体内的脏腑、经络等。　　反听：运用意念听体内之声。

〔20〕太虚：道家向往的最高神境。

〔21〕观天地开辟：指意念合于混沌元气。

〔22〕户：小门，寝门。

〔23〕牖：窗子。

〔24〕命：命名。此指辨别事物。

〔25〕道知：用大道以体察万物。

〔26〕无方：没有极限。此指任何事情。

【译文】

　　充实意念应效法无处不至的腾蛇。充实意念，就要心平气和、思虑深远。心境要平安宁静，思虑要深远周到。心境平安宁静，就会产生神奇谋略；思虑深远周到，计谋就会成功。奇计产生后心志就不会烦乱，计谋成功后就没人能阻挡我们取胜。意志思虑既定，心境就会顺遂平安，心境顺遂平安行为就不会错乱，神气就能自得。神气自得就会精神专注。反之，若智识和心气客寄体外而不能在心中扎根，奸邪之气就会乘虚而入纠缠于胸中，阴诈计谋也会攻入心中迷惑我们，那么就会言不由衷，说辩苍白无力。所以，一定要信守心术，固守真一之气而不随流俗。要静待对方把真心实意向我们倾吐，以把握听辞观言的揣情良机。计谋策略，是生死存亡的关键。对方不交心给我们，我们的揣情摩意失败了，那么得到的信息就不可靠。这样，错过了揣情良机，计谋决策就会失误。那么我们的意念中就缺少可靠信息和可行计策，虚落空荡而无凭依。所以，嘉谋良策的筹划，在于务必充实意念。充实意念，必须从锤炼心术开始。要静泊无为以处世，使五脏之气安静，使六腑之气和顺，使精、神、魂、魄诸气各安其所，才能做到内视脏腑，反听体音，使志意思虑安定，如入太虚神境，以等待神气往来于体内、心中。由此以观天地开辟之理，洞晓世界万物造化之功，明见阴阳二气的变化终始，明察人世社会的治理机要，足不出户而遍知天下事，眼不看窗外而懂自然造化之理。不见事物而可为之命名，不劳脚足行走而可达神奇之境，这就叫作明知天地阴阳大道，可与神明交通，可应付万变之机、任何情势，而神气也会永驻我们心中。

【原文】

　　分威法伏熊[1]。分威者，神之覆也[2]。故静意固志，神归其舍[3]，则威覆盛矣。威覆盛则内实坚[4]，内实坚则莫当[5]，莫当则能以分人之威而动其势，如其天[6]。以实取虚，以有取无，若以镒称铢[7]。故动者必随，唱者必和[8]。挠其一指，观其余次[9]。动变见形，无能间者[10]。审于唱和，以间见间[11]，动变明而威可分也。将欲动变，必先养志伏意以视间[12]。知其固实者[13]，自养也。让己者[14]，养人也。故神存、兵亡，乃为之形势[15]。

【注释】

〔1〕分威法伏熊：杨曰："伏者，藏也，静也。静藏者明，以乘彼暗，无物不可得而攫也。物皆有威，不可分散。我乘其暗，则其威势忽然分散。譬如彀卵在彼盲手，我从攫之，无不得者。故善伏熊之法，万物虽有威势，莫不分散如彼盲者也。"

〔2〕覆：尹曰："犹衣被也。"按：此指充盈。

〔3〕舍：尹曰："志意之宅也。"

〔4〕内实坚：指志意充实，谋略既定。

〔5〕当：抵挡。"当"、"挡"古今字。

〔6〕如其天：如天覆万物般压倒别人的威势。

〔7〕以镒称铢：用重物作秤锤去称量轻物，比喻以重驭轻，轻而易得。镒，二十两为一镒。铢，二十四铢为一两。

〔8〕唱：通"倡"，倡导。"唱"、"倡"古通，《礼记·乐记》："倡和有应。"《荀子·乐论》《史记·乐书》《说苑·修文》"倡"并作"唱"。

〔9〕挠其一指，观其余次：比喻把握对方一点而依次考察其他。

〔10〕间；寻缝隙，钻空子。

〔11〕以间见间：用寻缝隙之心抓别人弱点。

〔12〕视间：寻查对方漏洞。

〔13〕知其固实：自己知道补洞弥隙。

〔14〕让己：让别人抓住自己的漏洞。

〔15〕为之形势：制造对自己有利的形势。

【译文】

分散别人的威势要效法那蛰伏而养、突然而动的伏熊。分散别人威势，就要让神气充盈于自己体内。静心平气，充实意志，使神气归复心中，威势就会充盈于自己体内。威势充盈就会内心坚实，计谋既定。内心坚实，计谋即定，就无人可以阻挡。没人可以阻挡我们就必然会分人之威、散人之势，犹如天覆万物那般以绝对优势压倒对方。这就叫作以己实取人虚，以己有取人无，就好比以重砣称轻物那般轻而易举。有如此威势，我们一动，对方必相随；我们一倡导，对方必然应和。掌握了对方一点，就可以考察、控制对方的其余方面。对方的一举一动、一变一化都像明镜般摆在我们面前，他便无法钻我们的空子了。但是，我们还要把对方应和我们的动机、目的等搞清楚，用查漏洞、钻空子的心去明察对方，以免被对方钻了空子。对方的举动确实明摆在我们面前，他的威势就可以被我们分散。我们要有什么举动，一定要先涵养志意、充实意念，抓住别人漏洞。知道堵塞自己漏洞的人，是能够自养威势的人。把漏洞留给对手的人，是帮助别人蓄养威势的人。所以，是神存威覆，还是失威致败，就看自己能否制造对自己有利的形势了。

【原文】

　　散势法鸷鸟[1]。散势者，神之使也[2]。用之，必循间而动[3]。威肃内盛，推间而行之[4]，则势散。夫势散者，心虚志溢[5]，意衰威失，精神不专[6]，其言外而多变[7]。故观其志意，为度数[8]，乃以揣说图事[9]，尽圆方[10]，齐短长[11]。无间则不行散势者，待间而动，动而势分矣。故善思间者[12]，必内精五气，外视虚实，动而不失分散之实。动则随其志意，知其计谋。势者，利害之决[13]，权变之威。势散者，不以神肃察也[14]。

【注释】

　　〔1〕散势法鸷鸟：鸷鸟袭击禽兽，必善抓时机，散势亦须"待间而动"，故言散势法鸷鸟。
　　〔2〕使：驱使，驱动。
　　〔3〕间：间隙，漏洞。
　　〔4〕推间：利用对方间隙，扩大对方漏洞。
　　〔5〕溢：外流，外泄。
　　〔6〕专：专一，专注。
　　〔7〕言外：说些不着边际的话。　　多变：无中心，无主题。
　　〔8〕度数：尺度，等级，程度。
　　〔9〕图：谋划，处理。
　　〔10〕圆方：天圆地方。此指有形物和无形物。详《捭阖》注。

〔11〕齐短长：尹曰："齐短长之用。"指灵活运用长计短谋。
〔12〕思间：思索、寻查对方漏洞。
〔13〕决：决定因素。
〔14〕肃察：认真考察。

【译文】

　　分散对手的声势要效法寻机而动的鸷鸟。分散对手的声势，就要运用我们旺盛的神气去压倒对手。运用散势权术时，一定要瞅准对手的漏洞再行动。我们的旺盛神气使我们的威势大增，再利用对手的漏洞去行动，就必定能散对手之势。威势被分散的人，心气虚弱，志意外泄，意念衰退，威风丧失，精神不能专注集中，言语不着边际且漫无中心。观察对方志意的盛衰，衡量对方声势的程度如何，于是去揣测游说，处理难题，查遍有形无形之物以掌握决策信息，衡量长计短谋以求得最佳决策。（实施散势时应注意，）对方若无间隙漏洞可以利用，就难以散其势，这时必须等待时机，找到对方的漏洞再动手，一动就能散其声势。善于思索、寻求对方间隙的人，必须善于充盈内脏精气，善于观测对方志意的虚实，抓准时机，不动则已，一动必能散对手的声势。行动时，必须随时掌握对方志意的虚实，了解对方的计谋和对策。声势，是利害成败的决定因素，是随机应变的威慑力量。威势被分散，是不能运用旺盛的神气认真考察环境和对手的缘故。

【原文】

　　转圆法猛兽[1]。转圆者，无穷之计也。无穷者，必有圣人之心，以原不测之智而通心术[2]，而神道混沌为一[3]，以变论万类[4]，说义无穷[5]。智略计谋，各有形容[6]，或圆或方[7]，或阴或阳，或吉或凶，事类不同。故圣人怀此用，转圆而求其合[8]。故与造化者为始[9]，动作无不包大道[10]，以观神明之域[11]。天地无极，人事无穷，各以成其类[12]。见其计谋，必知其吉凶成败之所终[13]。转圆者，或转而吉，或转而凶。圣人以道先知存亡，乃知转圆而从方[14]。圆者，所以合语[15]；方者，所以错事[16]。转化者，所以观计谋；接物者[17]，所以观进退之意。皆见其会[18]，乃为要结[19]，以接其说也。

【注释】

〔1〕转圆法猛兽：杨曰："猛兽之威无尽，犹转圆之势无止。圣人心语顺物，莫得而穷之，盖犹是也。"

〔2〕原：追溯，探究。　通心术：通于心与术之间。此指(将不测之计)储存在脑子里，并在实践中运用、测试。

〔3〕神道：不可测知的天地万物之道。

〔4〕变：俞樾曰："'变'、'辩'、'遍'古字通用。此云'变论万类'，即'遍论万类'也。"

〔5〕说义：申说物类之义。

〔6〕形容：形势，特点。

〔7〕或圆或方：尹曰："圆者，运而不穷；方者，止而有分。"此指灵活性的"圆计"和规定性的"方计"。

〔8〕合：合于事机，合于时用。

〔9〕始：端。此指一同(存在)。

〔10〕包大道：包容大道。此指与天地之道相合。

〔11〕神明之域：幽深隐蔽之处。

〔12〕类：类别，类分。

〔13〕终：终端，结果。

〔14〕转圆而从方：从灵活的无穷之计转化到确定可行的具体措施。

〔15〕合语：合君主之语。指迎合君主心意。

〔16〕错事：处置事件，解决问题。

〔17〕接物：与事物接触。此指接触实际问题。

〔18〕会：汇聚处。此指各种问题的症结。

〔19〕要结：关节，关键。

【译文】

　　转圆生计要效法威势无尽的猛兽。转圆，就是让计谋像圆体转动那样无穷尽地产生。要产生无穷之计，必须具备圣人般的胸怀，去探究那些奇策妙计的特点并且领会它，掌握运用它，从而与神秘难测的天地之道合而为一，去论遍万类事物，去申说无穷事物的精微大义。（应该懂得，）不同的智略计谋，各有自己的特征，有的具有灵活性，有的具有规定性；有的运用在暗处，有的公开实施；有的可至吉祥，有的可招凶灾，好似万事万类那样各不相同。所以圣智之士掌握了计谋的特征和用法，像转动圆体般地生发无穷无尽的计谋，看哪个可以合于事情，合于时机。所以圣人能够与造化天地万物的原气合而为一，其动作行为中无不与天地之道相合，以此而能明察幽暗深微的事物环境。天远地厚不可测知，人间事物形态无穷，各具类别，各有特征。（计谋也是如此多样。）观察别人的计谋特征，就可以测知它的结果成败。一般人转圆出计，有的能导致计谋成功，有的却导致事情失败。圣智之士明晓大道，凭此可以预知成败存亡，所以能从无穷计谋中选取最合事情、最合时宜的计谋来制定切实可行的措施。这里所说的"圆"，是为了迎合君主需要而摆出的种种解决问题的计谋。这里所说的"方"，是指其中最可圆满解决这一具体问题的策略措施。所谓从圆到方的"转化"，是为了考察哪种计谋最合用。所以要接触实际问题，是为了观测君主对待这一问题的真实态度。我们都探知了所有问题的症结所在，就要抓住关键环节，接着君主所讲的解决问题的真情实意的茬口，（去制定解决问题的措施。）

【原文】

　　损兑法灵蓍[1]。损兑者，机危之决也[2]。事有适然[3]，物有成败，机危之动[4]，不可不察。故圣人以无为待有德[5]，言察辞，合于事。兑者，知之也。损者，行之也。损之说之[6]，物有不可者[7]，圣人不为之辞也。故智者不以言失人之言，故辞不烦而心不虚[8]，志不乱而意不邪[9]。当其难易而后为之谋[10]，因自然之道以为实[11]。圆者不行，方者不止[12]，是谓大功[13]。益之损之，皆为之辞。用分威散势之权[14]，以见其兑，威其机危[15]，乃为之决。故善损兑者，譬若决水于千仞之堤[16]，转圆石于万仞之谿[17]，而能行此者，形势不得不然也。

【注释】

〔1〕损兑法灵蓍：灵蓍占兆于事物未然之前，损之益之，亦应在事物初兆之时，故损兑法灵蓍也。蓍，筮占之草。兑，俞樾云："益也。"

〔2〕机危：事物的关键时机，紧要关头。

〔3〕适然：发展方向。适，《广韵》："往也。"

〔4〕动：萌发，发展。

〔5〕有德：有德者生，此指事情发展动态。

〔6〕损之说之：说，疑"兑"之讹。损之兑之，承上文而言。

〔7〕不可：不合，不相适应。

〔8〕烦：烦乱，复杂纷乱。

〔9〕邪：邪僻。

〔10〕当：判断。《汉书·杨恽传》"廷尉当恽大逆无道"，颜注："当谓处断其罪。"

〔11〕实：实际。此指实行措施。

〔12〕圆者不行，方者不止：尹曰："夫谋之妙者，必能转祸为福，因败成功，沮彼而成我也。彼用圆者，谋令不行；彼用方者，谋令不止。"

〔13〕是谓大功：尹曰："圆行方止，理之常也。吾谋既发，彼不得守其常，岂非大功哉！"

〔14〕权：权术。

〔15〕威：威慑。　　危：通"微"，微小。

〔16〕决水于千仞之堤：扒开千仞高的大堤放水。以喻势不可挡。仞，八尺为仞。

〔17〕转圆石于万仞之谿：把圆石推下万仞深的谿谷。以喻势猛。

【译文】

　　善于损益者应效法那预知物兆的灵蓍。损益，是在事物发展的关键时刻决定事物发展方向的主要因素。事情都有可变的发展势态，物体都含有成败的可能性，事物发展中关键时刻的动向，不可不慎重考察。所以，圣智之士都用无为而为之的态度对待事物发展，考察对方言辞，审视事态发展。所谓增益，必须在充分了解事态之后；所谓损减，必须在计谋实行中进行。损减也好，增益也好，必须适合事物实际，否则，圣智之士是不会随便开口说话的。所以，智识之人不会因自己妄言乱说而轻易否定别人的意见，因而能够做到言辞不烦乱，心气不虚弱，志意不紊乱，意念不邪僻。遇到问题，必定审度难易程度，再进行谋划决策，运用自然之道的原理去制定实施措施。并且能使对手的良策不能付诸实践，能使对方的错误决策继续施行，因而大功在握。这也是用增益损减的办法，设置言辞去迷惑对方。并且运用分威散势权术，去掌握对手的损益变化，在事物发展的关键时刻给对方施加影响，让他实际上按我们的决策行事。所以，善于运用损兑权术的人，就好比千丈高堤决口，又好比万丈陡坡滚石，声势威猛，使对手不得不如此，不得不照我们的心意行事。

持　枢

【提要】

持枢，即把持枢机，掌握关键。尹知章曰："持枢，居中以运外，处近而制远，主于运转者也。故天之北辰谓之天枢，门之运转者谓之户枢。然则持枢者，持运动之柄以制物者也。"本篇所言，即讲人君如何把持社会运转机枢，驱动社会运转。

陶弘景曰："此持枢之术，恨太简促，畅理不尽。或编篇既烂，本不能全也。"陶说近是，今读其文，意不连属。由此残篇看，本文似言人君治世要效法天道。天之道，春生、夏长、秋收、冬藏，顺时而行，有自己的固有规律。人君治世亦应如此。要掌握社会自身规律，把握社会运转关键，像天顺时而动那样，拨动社会按自身规律运转，生、养、成、藏，顺民生以治世，勿逆之而动作。

【原文】

持枢。……谓春生、夏长、秋收、冬藏，天之正也[1]，不可干在而逆之[2]。逆之者，虽成必败[3]。……故人君亦有天枢：生养、成、藏，亦不可干而逆之[4]。逆之者，虽盛必衰[5]。此天道，人君之大纲也[6]。

【注释】

〔1〕按文意，此句以上有缺文。缺文似提出何为"天枢"，此句即

是解说"天枢",讲述自然界的基本运转规律。尹曰:"言春夏秋冬四时运行,不为而自然也。不为而自然,所以为正也。"正,规律,准则,

〔2〕尹曰:"言理所必有,物之自然,静而顺之,则四时行焉,万物生焉。"干,干扰,干犯。

〔3〕逆之者,虽成必败:尹曰:"若乃干其时令,逆其气候,成者犹败,况未成者乎?元亮曰:'含气之类,顺之必悦,逆之必怒,况天为万物之尊而逆之乎?'"元亮,东晋陶潜字,高蹈隐居避世者。

〔4〕据文意,以上有缺文。缺文似述天人相通之论。故此句言人君治世应依天人相通原理,效法天道自然运行,按民意民生治世。尹曰:"言人君法天以运动,故曰亦有天枢。然其生、养、成、藏,天道之行也。人事之正,亦复不别耳。"人,亦为天地所化之一类,故其道亦通乎自然之道。生、养、成、藏,是天道赋予人生的自然规律,人们盼望顺此自然规律以尽天年。应注意:此论产生在战乱频仍、民不聊生的战国时代,有一定进步意义。

〔5〕逆之者,虽盛必衰:尹曰:"言干天之行,逆人之正,所谓倒置之,故曰:逆非衰而何?"

〔6〕此天道,人君之大纲也:复申天人相通之理。又,《意林》引《鬼谷子》佚文曰:"以德养民,犹草木之得时;以仁化人,犹天生草木以雨润泽之。"似为此篇脱文。

【译文】

持枢。……就是说,春天万物萌生,夏日万物成长,秋时万物收获,冬季万物储藏。这就是自然界运行的正常法则,不可干扰它、违背它。若违背了这种法则,即使有成功的可能也终究要失败。……所以说人君治世也有一定法则:应顺应万民的合而有生、生而有育、育而有成、老得善终的人生欲望,万万不可违背民意,倒行逆施。违背民意的人,即使暂时强大,也终归要失败,要衰弱下去。这种社会的基本法则,也是君主治世应效法的基本纲领。

中 经

【提要】

中经，尹知章曰："谓由中以经外，发于心本，以弥缝于物者也，故曰中经。"高金体曰："中者，心也。经者，经也。事有经有纬。士饰言进辞，要在济物，此中经之意也。"本篇所论，主要为内动心计，外以制人的诸种方法。

战国时期，随着人文思潮的兴起和等级观念的打破，人人追求个性解放，人人盼望实现自身价值，力图在社会政治舞台上扮演一个角色，占有一席之位。故此，政治勾斗十分激烈。每个参加勾斗的成员都力图充分发挥自己的优势，压倒别人，自己取胜。有权者用权，有力者用力，有钱者用钱。纵横权士们无权无力又无钱，但有计谋和智慧。所以，《鬼谷子》在这里主要讲如何运用计谋智慧，施展权术，以控制别人，壮大自己，在政治斗争中获胜。

【原文】

中经，谓振穷趋急[1]，施之能言、厚德之人[2]。救拘执[3]，穷者不忘恩也。能言者，俦博善惠[4]；施德厚者，依道[5]；而救拘执者，养使小人[6]。盖士遭世异时危[7]，或当因免填坑[8]，或当伐害能言[9]，或当破德为雄[10]，或当抑拘成罪[11]，或当戚戚自善[12]，或当败败自立[13]。故道贵制人，不贵制于人也。制人者握权，

制于人者失命。

【注释】

〔1〕振穷趋急：尹曰："振，起也。趋，向也。物有穷急，当振趋而向护之。"穷，窘迫。

〔2〕施之：实施"振穷趋急"。　　能言：能言善辩。此言以言语助人、救人。

〔3〕拘执：被拘囚缚绑之人。

〔4〕俦博善惠：尹曰："俦，类也。谓能言之士解纷救难，不失善人之类，而能博行恩惠也。"按：俦，并也，引申为多。俦善，多善，多做善事。

〔5〕施德厚者，依道：尹曰："言施德之人，动能循理，所为不失道也。"

〔6〕养使小人：豢养、驱使自己所救的被拘执之人。

〔7〕世异时危：坏世道，危难之时。

〔8〕填坑：尹曰："谓时有兵难，转死沟壑。"

〔9〕伐害能言：尹曰："谓小人道长，谗人罔极，故能言之士多被残害。"

〔10〕破德为雄：尹曰："谓破文德，尚兵战。"

〔11〕抑拘成罪：尹曰："谓贤人不辜，横被缧绁。"

〔12〕戚戚：忧心貌。

〔13〕败败自立：尹曰："谓天未悔过，危败相仍，君子穷而必通，终能自立，若管敬仲者也。"

【译文】

所谓"中经"，说的是振救穷窘、趋人急难，能做到这个的，一定是那些能言善辩、道德深厚的人。救援那些被拘执而身陷囹圄的人，被救的人是不会忘记救援者的恩德的。能言善辩的人，必定能够多做善事，广施恩惠；广施厚德的人，必定能凭依大道；救人出囹圄的人，必定能够豢养、驱使那些被援救的人。士人身逢乱世，遭遇危难之时，有的人能在战乱中九死一生，免于死亡；有的人能言善辩，反遭谗害；有的人弃文从武，据兵称雄；有的人横遭拘系，无辜被罪；有的人心忧戚戚，固守善道；有的人危败相仍，却能自强自立。由此而论，为人处世之道，贵在挟制别人，而不能被人挟制。挟制别人者，便能够牢握权柄；受人挟制者，命运就掌握在别人手中。

【原文】

　　是以见形为容[1]，象体为貌[2]；闻声知音[3]；解仇斗郄[4]；缀去[5]；却语[6]；摄心[7]；守义[8]。《本经》，纪事者，纪道数，其变要在《持枢》《中经》[9]。

【注释】

　〔1〕见形为容：观人形貌而知内情。
　〔2〕象体为貌：观人体态而知内心。
　〔3〕音：弦外之音，本意。
　〔4〕郄（xì 细）：嫌隙。
　〔5〕缀：连，系。
　〔6〕却：退。
　〔7〕摄：取。
　〔8〕是以见形为容……守义：尹曰："此总其目，下别序之。"
　〔9〕《本经》……《中经》：尹曰："此总言《本经》《持枢》《中经》之义，言《本经》纪事，但纪道数而已。至于权变之要，乃在《持枢》《中经》也。"按：此当后人注语窜入正文者，故与上下文意不连属。

【译文】

　　所以，应当讲求"见形为容，象体为貌"、"闻声知音"、"解仇斗郄"、"缀去"、"却语"、"摄心"、"守义"等处世术。《本经》讲述的是一般的处世道理和技巧，至于其权要变化，则都在《持枢》、《中经》中讲述。

【原文】

　　见形为容、象体为貌者，谓爻为之生也[1]，可以影响、形容、象貌而得之也[2]。有守之人[3]，目不视非，耳不听邪，言必《诗》《书》[4]，行不淫僻[5]，以道为形，以德为容，貌庄色温，不可象貌而得之。如是，隐情塞郄而去之[6]。

【注释】

〔1〕爻(yáo 尧)为之生：此指见卦爻便可测出吉凶。爻，组成卦的符号，分为阴爻、阳爻。

〔2〕影响：此指言语行事。

〔3〕守：操守。

〔4〕《诗》：《诗经》。　　《书》：《尚书》。

〔5〕淫僻：过度和邪僻。

〔6〕郄：漏洞。郄，同"隙"。

【译文】

见形为容、象体为貌之术，讲的是像在占卦时看到卦爻就可推测吉凶一样，可以从一个人的言语行事、外在形貌体态等方面探知他的内心世界。(但是，用此术对付那些有操守的人却不行。)有操守的人目不斜视，耳不旁听，言必《诗》《书》礼义，行为既不过度也不邪僻，动合大道，行为端庄，道貌岸然，(是一些用理性压抑了真情的人，)没法用外貌形态去判断他们的内心世界。碰到这种情况，就赶快隐藏起自己的真情，避免自己的言语中出现漏洞，早早离他们而去。

【原文】

闻声知音者，谓声气不同，恩爱不接。故商、角不二合[1]，徵、羽不相配[2]，能为四声主者，其唯宫乎[3]？故音不和则悲，是以声散、伤、丑、害者[4]，言必逆于耳也。虽有美行盛誉，不可比目、合翼相须也[5]。此乃气不合、音不调者也。

【注释】

〔1〕商、角：皆古代五音之一。清人陈澧《声律通考》卷一曰："五声：宫、商、角、徵、羽，始见于《周礼》，下至赵宋，未之有改。近世俗乐以工尺字谱代之。"

〔2〕故商……相配：尹曰："商金，角木，徵火，羽水，递相克食，性气不同，故不相配合也。"此乃以五行附会五音。

〔3〕为四……宫乎：尹曰："宫则土也。土主四季，四者由之以生，故能为四声之主也。"

〔4〕散、伤、丑、害：尹曰："不和之音。音气不和，必与彼乖，故其言必逆于耳。"

〔5〕比目：比目鱼。　合翼：比翼鸟。　须：求。

【译文】

所谓闻声知音之术，说的是人与人如果言语不合，意气不投，就不会相互恩爱友善。这就像五音中商音角音不能相合，徵音羽音不能相配，而能协调以上四音的，只有宫音一样。五音不和谐，声调必然悲怆难闻。所以，就像散、伤、丑、害诸音难听一样，意气不投之人，言语必逆于耳。即使他们有美好的操行、倍受赞誉，也依旧不能像比目鱼、比翼鸟那样恩爱无间，同气相求。这就是因为意气不投，言语便不合呀！

【原文】

解仇斗郄。解仇者，谓解羸微之仇[1]；斗郄者，斗强也[2]。强郄既斗，称胜者高其功，盛其势[3]；弱者哀其负，伤其卑，污其名[4]，耻其宗[5]。故胜者闻其功势，苟进而不知退[6]；弱者闻哀其负，见其伤，则强大力，倍死者是也[7]。郄无强大[8]，御无强大[9]，则皆可胁而并[10]。

【注释】

〔1〕嬴微：此指弱小者。嬴，瘦，此指势弱。微，小，此指地位低。

〔2〕解仇……强也：高曰："辩说之道，其犹张弓，高者抑之，弱者举之。故嬴微为仇，从而解之；强者为郄，从而斗之也。"此术讲如何解斗买友。弱者相斗，自己可控制他们，故解之令皆归己；强者相斗，自己难以控制任何一方，故令其斗，待双方皆弱后各个击破，胁迫他们归己。

〔3〕强郄……其势：尹曰："斗而胜者，从而高其功，盛其势也。"强郄，有隔阂的强者。

〔4〕污：玷污。

〔5〕耻其宗：耻于祖宗受辱。

〔6〕苟：苟且。此为只懂得。

〔7〕倍死：忘死。倍，背向，抛到脑后。

〔8〕无：不论。

〔9〕御：指对手。

〔10〕胁：胁迫。

【译文】

解仇斗郄之术，解仇，说的是调解弱小者的仇斗；斗郄，说的是令有嫌隙的强者相斗，（以便我们既控制住弱者，又控制住强者。）让有嫌隙的强者发生争斗，对胜了的一方，则夸大他的功业，张大他的声势；对失败的一方，则对他的失败表示哀怜，对他的位势表示伤心，蛊惑他：此番必辱声名，污及祖宗。这样，胜方听到我们称道他的功业和威势，便只知进攻不知适可而止；而败者听到我们哀叹其失败，见到自己被损伤，就必然拼尽全力，忘死而战。这样，无论多么强大的敌手和对手，都会因此而削落，都会在削落后为我们胁迫、并吞。

【原文】

缀去者，谓缀己之系言[1]，使有余思也[2]。故接贞信者，称其行，厉其志[3]，言可为可复会之，期喜[4]。以他人之庶，引验以结往，明款款而去之[5]。

【注释】

〔1〕系言：系留人心之言。

〔2〕余思：此指怀念，留恋。

〔3〕厉：勉励。"厉"、"励"古今字。

〔4〕期喜：约定高兴的晤面日期。期，约期。

〔5〕以他……去之：尹曰："言既称行厉志，令其喜悦，然后以他人庶几于此行者，引之以为成验，以结己往之心，又明己款款至诚。如是而去之，必思己而不忘也。"款款，诚心貌。

【译文】

缀去术，说的是向即将离去的人倾吐挽留他、赞美他的肺腑之言，使他人走了还十分留恋我们。所以，对将要离去的诚信君子，要称赞他的品行，激励他的意志，赞美他品行可嘉，告诉他还会见面，并与他约定见面日期，让他心中高兴。并讲述以往的类似例子，某人离去了还与这里保持良好关系，来证明我们对他的至诚心意。这样，他人虽离去了，但心还留在这里。

【原文】

却语者，察伺短也〔1〕。故言多必有数短之处，识其短验之〔2〕。动以忌讳〔3〕，示以时禁。其人恐畏。然后结信以安其心，收语盖藏而却之〔4〕。无见己之所不能于多方之人〔5〕。

【注释】

〔1〕察伺短：考察窥伺短处。

〔2〕识：记住。

〔3〕动：以……动其心。

〔4〕盖藏：遮盖。　却：退。

〔5〕见：显露。"见"、"现"古今字。

【译文】

却语术的关键是考察、窥伺对方的短处。话说多了，一定有几处短处。我们就把对方的短处默默记在心里。必要时，把他何时所讲犯了什么忌讳，触动了哪条当朝禁令的事讲给他听，他必然十分恐惧。然后我们再安慰他，请他放心，说自己不会讲出去。而自己却把这些把柄藏在心里，退到背后去挟制他。由此而论，我们自己就千万不可让别人抓住我们的把柄。

【原文】

摄心者，谓逢好学伎术者[1]，则为之称远[2]。方验之道[3]，惊以奇怪，人系其心于己。效之于人，验去乱前[4]，其归诚于己。遭淫酒色者[5]，为之术，音乐动之。以为必死，生日少之忧[6]。喜以自所不见之事，终以可观漫澜之命[7]，使有后会[8]。

【注释】

〔1〕伎术：技艺道术。"伎"、"技"古通，详《捭阖》注。
〔2〕称远：称扬到远方。
〔3〕方验之道：以己以往之经验检验之。
〔4〕乱：尹曰："理也。"
〔5〕遭：碰到。　淫：过度，沉湎。
〔6〕日少之忧：忧虑死期将近。
〔7〕漫澜之命：广阔前途，光明前景。
〔8〕后会：日后与我们期会。

【译文】

摄心术，说的是碰到那些喜欢学习技艺道术的人，就替他扬名，使远近皆知。然后用我们的知识去检验他学到的技艺道术，做出恰切评价，使他惊讶于我们知识的广博和看法的高明，在内心佩服我们。然后我们把他的道术技艺推广到实践中，帮他检验以往之不足，整理当前之经验，使他心悦诚服地归附我们。若遇到那种沉湎于酒色不能自拔的人，则采用另一种手段。先用音乐、道术使他猛醒过来，使他认识到这样下去是步入死亡之渊。然后我们再用他见所未见的美好事物使他振作起来，指出他的光明前程，使他对我们倍加感激，希望与我们再会。

【原文】

守义者，谓以仁义探其在[1]，内以合也。探心深得其主也，从外制内[2]，事有系[3]，曲而随之[4]。故小人比人[5]，则左道而用之[6]，至能败家夺国。非贤智不能守家以义，不能守国以道。圣人所贵道微妙者[7]，诚以其可以转危为安，救亡使存也。

【注释】

〔1〕在：内在，本心。
〔2〕外：外部手段。
〔3〕系：系联。此指交付，委托。
〔4〕曲：委曲，曲心。
〔5〕比：比拟。此指效法。
〔6〕左道：旁门邪道。
〔7〕贵：看重。

【译文】

守义术，说的是用仁义道德律条去探测对方的内心世界，看其是否真正符合仁义标准。探测对方的内心世界并把握其主流，我们就可以用相应的权术从外部控制他的内心。这样，若有事委托他办，他必然会曲心下意地迎合我们。由此可见，若小人效仿我们的做法，就会用左道旁门之术，致使人们家破国亡。所以说，除非大智圣贤之士，不能用仁义守家，不能用大道守国。圣贤之人所以看重那些微妙无比的道术，是因为运用它们确可以转危为安，拯救亡难。

中国古代名著全本译注丛书

周易译注	中说译注
尚书译注	老子译注
诗经译注	庄子译注
周礼译注	列子译注
仪礼译注	孙子译注
礼记译注	鬼谷子译注
大戴礼记译注	六韬·三略译注
左传译注	管子译注
春秋公羊传译注	韩非子译注
春秋穀梁传译注	墨子译注
论语译注	尸子译注
孟子译注	淮南子译注
孝经译注	近思录译注
尔雅译注	传习录译注
考工记译注	齐民要术译注
	金匮要略译注
国语译注	食疗本草译注
战国策译注	救荒本草译注
三国志译注	饮膳正要译注
贞观政要译注	洗冤集录译注
吕氏春秋译注	周髀算经译注
商君书译注	九章算术译注
晏子春秋译注	茶经译注（外三种）修订本
	酒经译注
孔子家语译注	天工开物译注
荀子译注	人物志译注